KiWi 194

Über das Buch

Es ist heute kaum mehr vorstellbar, daß es vor zwanzig, höchstens dreißig Jahren noch eine Menge Leute gab, die kein Bankkonto hatten und auch keines brauchten. Inzwischen haben wir alle es ständig mit Banken zu tun, ob wir wollen oder nicht. Aber wie steht es mit unserem Wissen über diese so wichtigen Institute? Gibt es überhaupt eine Möglichkeit, zwischen einer »guten« und einer »schlechten« Bank zu unterscheiden? Was sind die Auswahlkriterien? Was muß ich wissen, um meiner Bank als informierter Kunde gegenüberzutreten? Was kann ich von ihr verlangen, was wird sie leisten können und was darf ich nicht erwarten?

Auf alle diese Fragen gibt der Autor kompetent Auskunft. Hans-Wolfgang Wunschel hat rund vier Jahrzehnte als Bankfachmann in leitenden Positionen großer Banken gearbeitet und kennt »die andere Seite« des Bankschalters. Er versetzt den Leser in die Lage, seiner Bank in allen Bereichen des Bankgeschäfts die richtigen Fragen zu stellen.

Der Autor

Hans-Wolfgang Wunschel, geboren 1925, war ab 1952 zunächst als Jurist, später als Kreditdirektor in einer großen öffentlich-rechtlichen Regionalbank tätig; ab 1971 bis zu seiner Pensionierung 1987 in der Leitung des Kreditgeschäfts einer der großen privaten Banken. Er lebt heute als Rechtsanwalt in München.

Hans-Wolfgang Wunschel

Banken

Ein Ratgeber für Kunden

Kiepenheuer & Witsch

Umschlag Manfred Schulz, Köln,
nach einer Konzeption von Hannes Jähn
Umschlagfoto George Forss
Satz Fotosatz Froitzheim, Bonn
Druck und Bindearbeiten Clausen & Bosse, Leck
ISBN 3-462-01985-6

Inhalt

Einleitung 11
An wen das Buch sich wendet, was es will, was nicht drinsteht.

Bankgeschäfte 15
Einlagengeschäft 15
Bedeutung, Abgrenzung von anderen Geld- bzw. Kapitalanlagen.

Spargeschäft 15
Definition, Formen, Bedeutung im Passivgeschäft der Bank, Interessen des Sparers.

Das laufende Konto 20
Definition, Interesse der Bank bzw. des Kunden, Gebühren, Kreditkarten.

Festgeld/Termineinlagen 24
Begriff, Bedeutung für Bank und Kunde.

Kreditgeschäft 25
Bedeutung. Konkurrenz, deren Ausnutzung durch Kunden.

Wofür? Wieviel? Wie lange? 27
Bank will verkaufen, wie wird sie raten? Faustregeln für Laufzeiten. Bindungsfristen für Konditionen.

Grundstückskredite 30
Hypothek, auch hier Befristung der Zinsen abweichend von Laufzeit, »Finanzierung aus einer Hand«, »klassische« Finanzierung. Annuitäten.

Kurzfristiger Kredit 37
Zweck. »Kontokorrent«-Kredit.

Konditionen 39
Was dazu gehört.

Zinsen, noch einmal: 39
Zusammenfassung für verschiedene Kreditarten.

Kreditsicherheiten 42
Arten von Sicherheiten. Formulare.

Offenlegung der Verhältnisse 45
Rechtslage, Erfordernisse, Bankgeheimnis.

»Finanzwarenhaus«, Kombination von Finanzdienstleistungen 48
Konkurrenz durch andere Finanzinstitute und Verflechtungen von Banken mit solchen.

Banken/Hypothekenbanken 49

Banken/Versicherungen 50
Sinn kombinierter Angebote für Kunden?

Banken/Beratungsunternehmen 52
Objektive Beratung?

Schuldnerprobleme 53
Verhalten bei Zahlungsschwierigkeiten

Wertpapiergeschäft 57

Hauptarten von Wertpapieren 58

Aktien 58
Bedeutung. Chancen und Risiken.

Festverzinsliche 60
Bedeutung. Chancen und Risiken.

Investmentanteile 62
Arten, Bedeutung.

Anleger und Investment 64
Welche Anlage für welchen Anleger? Abhängigkeit von Persönlichkeit und Interessenlage.

Ihre Bank und Ihr Wertpapierdepot 67
Interessenlage der Bank beim Effektengeschäft. Plazierung eigener Aktie sowie Emissionsgeschäft.

Depotstimmrecht 70
Bedeutung, Rechte des Kunden. Alternativen?

Vermögensverwaltung 74
Banktöchter oder unabhängige Firmen. Betragsgrenzen. Kosten.

Anlagen im Ausland 77
Sinn und Risiko. Bankgeheimnis.

Kosten 79
Worüber kann man handeln?

Banken 81
Gruppen und ihre Charakteristika.

Öffentlich-rechtliche Banken 84
Eigenkapital, Gewährträger, Privilegien.

Private Geschäftsbanken 88
Rolle, Geschichte, Besonderheiten. Macht der Banken?

Genossenschaftliche Banken 95

Hypothekenbanken 96
Verflechtungen mit Geschäftsbanken. Aktiv- und Passivgeschäft.

Konkurrenz unter Banken 99

Organisation von Banken 101
Spartenorganisation, Kundengruppenorganisation, Kreditkompetenzen.

Banklaufbahnen 106
Akademiker, Lehrlingsausbildung. Frauen. Mobilität.

Wie findet man die »richtige« Bank? 112
Wann und warum nicht die erste beste? Die Post? Konditionenvergleich sinnvoll? Geschäftliche und kapitalmäßige Verflechtungen.

Was heißt hier Vertrauen? 117
Einlagensicherung. Ungreifbares. Vertrauen schaffen. Grenzen des beiderseitigen Vertrauens.

Fachwörter von A bis Z 123

Einleitung

Bankers are just like ordinary people.
Only richer.
(Schottische Spruchweisheit)

Früher einmal gab es Leute, die hatten kein Bankkonto und brauchten auch keines. Zwanzig, höchstens dreißig Jahre liegt das zurück. Wie sehr sich das geändert hat! Wir alle haben es heute ständig mit Banken zu tun, ob wir wollen oder nicht. Umgekehrt zu der Zahl der Bankkunden und -konten scheint sich zu verhalten, was diese vielen Kunden über die Kreditinstitute wissen. Wissen wollen vielleicht? Viele betrachten sie als notwendiges Übel, und nur wenige machen sich darüber Gedanken, was sie von diesen unvermeidlichen Partnern erwarten können, deren Interessenlage sie nicht kennen, und was vernünftigerweise nicht. Die Banken ihrerseits lassen sich von ihren Markt- und Meinungsforschern für viel Geld darüber aufklären, ein nicht geringer Teil der von ihnen umworbenen Kundschaft habe im Umgang mit ihnen »Schwellenangst«, was immer das sein mag; um nicht von anderen, noch weniger positiven Gefühlen zu sprechen. Das Phänomen macht ihnen mindestens ebenso große Sorge, wie den davon Befallenen. Stabsabteilungen mit beachtlichen Budgets tun nichts anderes, als an dem Bild zu polieren, das ihre Institute in der Öffentlichkeit bieten. Scharen von Finanzberatern der verschiedensten Art, auch sehr unterschiedlichen Formats, leben recht gut von der Scheu vieler vor den Banken. Und spricht man mit Bankdirektoren, so merkt man ihnen nicht selten eine gewisse Unsicherheit im Umgang mit der Öffentlichkeit an. Sie wissen nicht so recht, was die Leute denn nun an ihrem Gewerbe auszusetzen haben.

Ja, was denn eigentlich? Sind sie, die Banker, nicht ehrlich um das Wohl ihrer Kunden bemüht? Gewiß, und wer es nicht glaubt, dem sollte doch vielleicht zu denken geben, daß man in diesem Gewerbe, wer wollte das bezweifeln, noch weniger als anderswo an Kunden Geld verdienen kann, denen es nicht ihrerseits gut geht. Aber da wird wohl der Hase im Pfeffer liegen: Die Tatsache, daß Banken, und längst auch Sparkassen, genau wie der Supermarkt an der nächsten Ecke betrieben werden, um Geld zu verdienen, tritt in deren Öffentlichkeitsarbeit meist nur einmal im Jahr in Erscheinung, nämlich wenn die Bilanz in der Zeitung steht. Sonst erscheinen sie, und das für sehr viel Geld, als Mäzen, als uneigennütziger Berater, als »Problemlöser«, oft als eine Art väterlicher Freund und Mentor. Nur als eines nicht, nämlich als Kaufleute, die wie viele andere darauf angewiesen sind, Gewinn zu machen. Haben sie vielleicht ein gewisses aus den sechziger Jahren überkommenes Mißtrauen gegen den Begriff des Gewinns, den »Profit«, unbewußt noch mehr verinnerlicht als mancher andere? Es sieht aus, als ob sich dieser Mangel an Aufrichtigkeit rächen würde. Der Öffentlichkeitsarbeit der Banken wird weithin nicht geglaubt, weil sie über deren eigentliche Ziele nicht informiert, und über ihre Probleme schon gar nicht.

Da scheint es ein Defizit an Information zu geben, und dieses Buch möchte erreichen, daß es kleiner wird. Wir wenden uns also an die vielen Bankkunden, die die Interessenlage, auch die Grenzen des Handlungsspielraums ihrer Bank nicht durchschauen, gleichwohl aber nicht anders können, als ihr einen gewissen Vertrauensvorschuß einzuräumen; die sich dann aber ab und zu fragen, wieweit dieses Vertrauen gerechtfertigt ist. Nicht vergessen wollen wir dabei, daß es auch ein umgekehrtes Problem gibt, nämlich das derjenigen, die ihrerseits das Vertrauen eines Kreditinstituts brauchen. Viele wissen nicht so recht, was dazu gehört.

Fast jeder hat eine Bankverbindung, muß eine haben, sagten wir eingangs. Aber auch umgekehrt gilt: Die Banken brauchen jeden Kunden. Die Konkurrenz im Bankgewerbe der Bundesrepublik ist sehr hart. Das gibt dem Bankkunden die Möglichkeit, in vielen Fällen seine Interessen gegenüber seiner Bank wirksam zu vertreten. Zu zeigen, wo und wie das möglich ist, soll hier versucht werden. Ein wunder Punkt dabei mag sein, daß Banker, wie manch anderer Beruf auch, ein reichliches, oft auch übertriebenes Maß an Fachjargon benutzen. Und die Kunden, statt in aller Ruhe nachzufragen, scheuen sich, ihre Unkenntnis zuzugeben, machen sich nicht bewußt, daß der Banker ihnen gegenüber vermutlich von ihrem Fach gerade so wenig versteht, wie sie von dem seinen. Da soll das Glossar am Schluß des Buches helfen, wenn es auch, um nicht zum eigenen Buch anzuwachsen, auf die wichtigsten Begriffe beschränkt bleiben mußte. Sie werden es oft auch bei der Lektüre selbst benutzen müssen. Der Zielsetzung entsprechend gibt es eine Anzahl von Themen, über die Sie nichts finden werden: Informationen über Banken, die sich an einen begrenzten, ohnehin sachverständigen Kundenkreis wenden; auch über solche, die einen durch gemeinsame wirtschaftliche, politische oder weltanschauliche Interessen verbundenen Kundenkreis ansprechen. Den einschlägig Interessierten sind sie bekannt. Eine für die Allgemeinheit wichtige Rolle spielen sie allesamt nicht. Auch die Behandlung von solchen Bankgeschäften, die ganz überwiegend auch auf der Kundenseite von Fachleuten vorgenommen werden, wie zum Beispiel die vielfältigen, teilweise sehr diffizilen Formen der Außenhandels- und der Kapitalmarktfinanzierung, würde den Rahmen sprengen. Es war auch nicht Ziel des Buches, Ratschläge zu erteilen, die nur vom Tagesgeschäft ausgehen und veralten.

Bankgeschäfte

Bevor wir uns den Banken, unseren Problemen mit ihnen und den ihrigen mit uns zuwenden, wollen wir einen Blick auf die Geschäfte werfen, für die wir sie nötig haben. Nicht auf alle, aber doch auf solche, die jedermann begegnen, aus denen alle Nutzen ziehen können. Da gibt es manches, was vorher gut zu wissen ist, wenn ein Gespräch in der Bank ansteht.

Einlagengeschäft

Wir wollen hier einige Anlageformen betrachten, die eines gemeinsam haben: Samt und sonders sind es Geldanlagen. Das heißt, es handelt sich hier um Geldforderungen gegen Ihre Bank. Von diesen gehören jedoch nur diejenigen hierher, die auf Konto, auf Ihren Namen lautend, verbucht sind.

Spargeschäft

Lassen Sie uns hier beginnen, denn die Errichtung eines Sparkontos und die Aushändigung des dazu gehörigen Sparbuches wird für die meisten das erste Bankgeschäft ihres Lebens gewesen sein. »Sparkassenbuch« wird es wohl geheißen haben; für das Schulsparen haben die Sparkassen nämlich ein Monopol, das zwar rechtlich nicht fixiert, de facto aber desto wirksamer ist. Daß es von den übrigen Banken seit Menschengedenken immer wieder angegriffen wird, hat bis jetzt nichts daran geändert.
Unter dem Begriff des Spargeschäfts wollen wir

- Spareinlagen mit gesetzlicher Kündigungsfrist
- Spareinlagen mit vereinbarter Kündigungsfrist und
- Sparbriefe behandeln.

All diesen Anlageformen gemeinsam ist, daß sie für die Banken als stabile und längerfristig gesehen billige Refinanzierungsquelle für ihr Aktivgeschäft von größtem Interesse sind. Werfen wir an dieser Stelle vorweg einen kurzen Blick auf den Aufbau einer Bankbilanz. Wer nun meint, das brauche ihn nicht zu interessieren, der Aufbau ihrer Bilanz sei ja wohl der Banken eigene Sorge, der möge bedenken, daß zu allererst daraus die Interessenlage der Bank im Umgang mit ihren Kunden ablesbar ist.

Für den Leser nun, dem Bilanzen und ihre Lektüre ein Buch mit sieben Siegeln sind, und der vielleicht auch wenig Lust hat, daran etwas zu ändern, doch so viel: Auf der rechten Seite einer jeden Bilanz, unter den sogenannten Passiva, finden wir alle Mittel, die der Bank zum Betrieb ihres Geschäfts zur Verfügung stehen, seien es eigene, also letzten Endes ihren Aktionären gehörige, oder fremde, das heißt von Dritten geliehene, an diese eines Tages zurückzuzahlende und den jeweiligen Vereinbarungen gemäß zu verzinsende. Die linke Seite der Bankbilanz zeigt die sogenannten Aktiva. Vereinfachend gesagt, gibt sie Auskunft darüber, was die Bank mit den unter den Passiva ausgewiesenen Mitteln gemacht, wie sie sie angelegt hat.

Sieht man sich nun die Bilanzen eigentlich aller bedeutenden Banken an, so findet man auf der Passivseite überall das gleiche Bild: etwa vier Prozent eigene Mittel. 96 % aller Gelder, mit denen Ihre Bank ihr Geschäft betreibt, schuldet sie also, wir vereinfachen ein wenig, ihren Kunden, vielleicht auch Ihnen. Leicht zu verstehen, wie wichtig es ist, daß wenigstens ein gewisser Teil dieser Kundengelder so angelegt ist, daß mit ihrer Abwanderung nicht von heute auf morgen gerechnet zu werden braucht. Das nun trifft besonders für die Spareinlagen zu, erfahrungsgemäß selbst für diejenigen mit gesetzlicher Kündigung, die theoretisch mit ganz kurzen Fristen, in der Praxis fast jederzeit abgehoben werden können. Das ist aber noch nicht alles. Nicht nur die stabilste Refinanzierungsquelle der

Banken sind die Spareinlagen, sondern, das gilt vor allem für diejenigen mit gesetzlicher Kündigung, auch noch eine der billigsten. Darum sind Banken so sehr bemüht, Spareinlagen hereinzuholen und zu halten. Welchen Nutzen aber könnte es nun für Sie haben, Ihrer Bank Geld, das Sie im Prinzip anlegen wollen und können, in dieser Form zur Verfügung zu stellen? Das hängt von Ihrer Interessenlage ab. Wie sieht Ihre finanzielle Situation aus? Da gibt es die Faustregel, daß man eine Reserve für unvorhergesehene Fälle haben sollte. Drei Monatseinkommen, wird Ihr Berater bei der Bank Ihnen sagen; warum, haben wir soeben gesehen. Bei kleineren Einkommen oder auch im Hinblick auf schon voraussehbaren Bedarf mag diese Regel stimmen, manchmal sogar niedrig gegriffen sein. Bei höherem Einkommen nutzt ein solcher Betrag, auf Sparkonto angelegt, in erster Linie der Bank. Bedenken Sie, daß Sie als Bezieher eigentlich jedes regelmäßigen Einkommens als Reserve auch auf einen sogenannten Dispo-Kredit bei Ihrer Bank zurückgreifen können; meist wird er in Höhe von drei oder mehr Monatseinkommen ohne jeden Umstand eingeräumt, mitunter sogar ohne Ihr Zutun. Billig ist er allerdings nicht. Es ist besser, solche Kredite wirklich nur für ganz kurzfristig auftretenden Bedarf zu benutzen.

Sie entschließen sich also für ein Sparkonto mit gesetzlicher Kündigungsfrist. Der Entschluß fällt nicht leicht bei der immer schlechten Verzinsung, die oft nicht einmal die Geldentwertungsrate abgedeckt hat. Wenn Sie sich korrekt verhalten, müssen Sie auch noch Einkommensteuer darauf zahlen, was bei jeder irgendwie nennenswerten Inflationsrate je nach persönlichem Steuersatz dazu führt, daß das Sparkonto für den Sparer zum Verlustgeschäft wird. Es gibt nur leider keine andere Möglichkeit einer auf jeden Fall greifbaren, überhaupt verzinslichen Anlage für kleinere Beträge.

Reserven bildet man aber nicht nur für unvorhersehbaren Geldbedarf; viel mehr noch für vorhersehbaren. Ist er binnen nicht zu langer Frist zu erwarten und der Betrag nicht allzu hoch (Beispiel: die in ein paar Monaten fällige Füllung des Heizöltanks), so ist auch hier das Sparkonto mit gesetzlicher Kündigung eine sinnvolle Anlage.

Geht es um größere Beträge, etwa ab DM 10000,– oder um einen erst später zu erwartenden Bedarf (Beispiel: Sie wollen sich im nächsten Jahr ein neues Auto kaufen, den größten Teil der Kosten haben Sie schon beisammen), dann gibt es andere, etwas günstigere Möglichkeiten für Sie als ein Sparkonto, jedenfalls als eines mit gesetzlicher Kündigung. (Wir kommen bei der Behandlung der Sparkonten mit vereinbarter Kündigungsfrist und später der sogenannten Termineinlagen darauf zurück.)

Überlegen wir uns nun, welche Gründe es geben kann, Ihr Geld auf einem Sparkonto mit vereinbarter Kündigungsfrist anzulegen. Ihr Berater bei der Bank wird Ihnen vielleicht dazu raten, wenn Sie sich über die niedrigen Zinsen auf Ihrem Sparkonto mit gesetzlicher Kündigung beklagen. Denkt man nur daran, so hat er nicht Unrecht. Bei Kündigungsfristen von einem bis zu vier Jahren ist die Verzinsung meist von einem halben Prozent aufwärts höher als der Zinssatz für gesetzliche Spareinlagen, der »Spareckzins«. Aber bedenken Sie: Den Charakter einer echten, jederzeit verfügbaren Reserve hat diese Anlage durch die lange Kündigungsfrist verloren. Das heißt nicht, daß Spareinlagen mit vereinbarter Kündigungsfrist überhaupt für den Kunden sinnlos sind. Im Gegenteil: Wenn Sie an das Beispiel des erst im nächsten Jahr anzuschaffenden Autos denken, so erreichen Sie mit einem solchen Konto auf der einen Seite einen besseren Zinssatz und haben andererseits bei rechtzeitiger Kündigung doch Ihr Geld zu der Zeit verfügbar, zu der Sie es brauchen. Bei Kündigungsfristen von mehr als einem Jahr gibt es Alternativen mit günstigerer Verzinsung.

Eines jedenfalls kann gesagt werden: Als Geldanlage ohne bestimmten Verwendungszweck, also zur reinen Vermögensbildung, ist das Sparkonto mit vereinbarter Kündigungsfrist anderen Anlageformen unterlegen und daher nicht zu empfehlen.

Sehen wir nun, ob das so auch für die Sparbriefe gilt. Bei dieser Anlageform handelt es sich um eine Forderung gegen die Bank, die auf eine bestimmte Zeit festliegt, in der Regel zwei bis maximal sechs Jahre, aber je nach Geldbedarf der Banken auch gelegentlich kürzer, selten länger. Es wird ein Brief ausgestellt – kein Wertpapier, also nicht an der Börse handelbar, auch nicht durch einfache Übergabe übertragbar. Der Zins liegt im Vergleich mit den Sparzinsen deutlich günstiger, aber unter den Kapitalmarktzinsen, also denjenigen für Pfandbriefe und gute Industrieobligationen. Wir nennen hier keine Zahlen; sie sind zu sehr von der jeweiligen Marktlage, aber auch von Höhe und Fristenstruktur des jeweiligen Geldbedarfs der einzelnen Bank abhängig. Bei den Sparbriefzinsen kommt es durchaus vor, daß eine Bank bewußt über oder auch unter die Marktsätze geht: Im ersten Fall meist, um vor einer erwarteten Zinssteigerung noch möglichst viel länger festliegende Mittel zu (relativ) günstigem Preis zu bekommen; im zweiten umgekehrt, weil man glaubt, das Geld bald billiger zu kriegen und deshalb den als teuer angesehenen Marktsatz nicht mehr bezahlen will. Spekulationen sind das, ohne die es in der Disposition der Banken nicht abgeht, und die sich, wie beim Privatmann auch, hinterher oft als richtig und manchmal eben als falsch herausstellen.

Anders als bei der Spareinlage steht beim Sparbrief der Zins für die vereinbarte Laufzeit ein für allemal fest; bei der Spareinlage wird er nach oben und unten auch während der Laufzeit dem Markt angepaßt. Ob der Inhaber des Sparbriefs insoweit im Vorteil ist, hängt also von der Zinsentwicklung ab.

Der Zugriff auf Ihr Geld ist während der Laufzeit überhaupt nur auf dem Wege der Beleihung des Sparbriefes möglich. Die wird Ihnen die Bank in keinem Fall verweigern. Aber das ist ein schlechtes Geschäft für Sie, denn der Kreditzins liegt erheblich über Ihrem Sparbriefzins. Wie Spareinlagen sind Sparbriefe also zur befristeten Reservehaltung geeignet, in der Verzinsung ihnen jedenfalls dann überlegen, wenn es während der Befristung des Briefes nicht zu deutlichen Steigerungen der Sparzinsen kommt. Unterlegen in der Rendite sind sie jedoch den eigentlichen Kapitalmarktpapieren, die Sie ja im Bedarfsfall auch als Kurzläufer erwerben können; es sind immer welche am Markt.

Faßt man das alles zusammen, so findet man eigentlich höchstens ausnahmsweise Gründe, die den Erwerb eines Sparbriefes allge-

mein oder auch nur für bestimmte Situationen interessant erscheinen lassen könnten.
Sehr zum Nutzen der deutschen Banken und erst recht natürlich der Sparkassen ist der Sparer in unserem Lande bemerkenswert konservativ. Soweit es sich um Anlagen bei Banken handelt, also ohne Immobilienkäufe, Auslandsanlagen und natürlich auch ohne die der Statistik unzugänglichen Inhalte von Stahlfächern und Matratzen, gehen, sehr grob gesprochen, fast 80 % der Ersparnisse in Spareinlagen der verschiedensten Art, nur der Rest in Wertpapiere; und von diesen wieder der größte Teil in Schuldverschreibungen, also auch in Geldforderungen. Dies alles, während die Vermögensbildung in privater Hand ständig wächst. Daß er unternehmerisch dächte, das kann man dem deutschen Sparer gewiß nicht nachsagen.

Das laufende Konto

Mit dieser Bezeichnung ist das Konto gemeint, über das Sie Ihren laufenden Geldverkehr abwickeln, einzahlen, abheben, Ihr Gehalt oder andere Ihnen zufließende Zahlungen gutschreiben lassen, auf das Sie Schecks ziehen und über das Ihre Daueraufträge oder von Ihnen erteilte Lastschriftermächtigungen abgewickelt werden. Ihre Bank mag das Girokonto, Gehaltskonto oder wie auch sonst nennen; mit den verschiedenen Namen ist überall dasselbe gemeint.
Die Guthaben, die Sie und all die anderen Bankkunden auf diesen Konten unterhalten, sind, in der Masse, für Ihre Bank von sehr großer Bedeutung, wenn auch auf andere Weise, als wir dies eben bei den Spareinlagen gesehen haben. Dem relativ stabilen Block von Refinanzierungsmitteln aus Spareinlagen steht der eben nicht stabile Block der in der Bankbilanz so genannten »täglich fälligen Gelder« (das sind vor allem die Einlagen auf laufendem Konto) gegenüber. Trotzdem sind die Gelder auf den laufenden Konten mit großem Abstand selbst gegenüber den Spareinlagen die billigste Refinanzierungsquelle der Banken. Allerdings können sie mit diesem Geld nur ganz beschränkt disponieren, weil sie nicht wissen können, was morgen abgehoben wird.

Was also kann die Bank überhaupt mit diesen Geldern tun? Nun, einmal ergibt sich aus deren Menge erfahrungsgemäß ein sogenannter Bodensatz. Das ist derjenige Prozentsatz der Einlagen auf laufenden Konten, der, statistisch gesehen, immer bei der Bank liegen bleibt. Unter Anwendung gewisser Vorsichtsmaßregeln kann die Bank mit diesem Bodensatz durchaus arbeiten. Was darüber hinausgeht, geht dann, oft allerdings zu sehr geringen Zinsen, in den sogenannten Geldmarkt, also als Tages- oder Monatsgeld an andere Banken, in deren Gelddispositon die Aufnahme solcher Beträge gerade paßt. Es gibt durchaus angesehene Banken, die im Geldhandel ganz überwiegend auf der Nehmerseite sind. Dieses Geschäft zu betreiben – es ist nur ein Teil der Gelddisposition insgesamt –, erfordert viel Erfahrung und Geschick. Sollten Sie das in der Schule bei der Wahrscheinlichkeitsrechnung Gelernte noch nicht vergessen haben, so werden Sie wissen, was damit gemeint ist.

Genug über die Probleme der Banken mit diesen Geldern. Wie nun aber sollten Sie Ihr laufendes Konto führen, um auf der einen Seite stets genügend Guthaben zur Erfüllung Ihrer Verpflichtungen, andererseits aber keine zu großen Nachteile durch die geringe Verzinsung zu haben? Kein Patentrezept gibt es da, nur die Allerweltsweisheit, mit der letzten Endes auch die mit vielen Millionen jonglierenden Gelddisponenten der großen Industriefirmen ihre Computer füttern: So groß wie nötig und so gering wie möglich sollten Sie Ihr Guthaben auf laufendem Konto halten.

Wenden wir uns nun dem leidigen Thema der von den Banken berechneten Kontoführungsgebühren zu. Leidig ist es für beide Seiten, auch für Ihre Bank. Denn, ob Sie es glauben oder nicht, die Abwicklung des Zahlungsverkehrs ist für die Banken trotz der weitgehenden Automatisierung nach wie vor defizitär. Das hat seinen Grund darin, daß der Umfang des unbaren, also über die Banken abgewickelten Zahlungsverkehrs in den letzten Jahrzehnten in einem Maße zugenommen hat, das sich zu Beginn der sechziger Jahre, als die ersten Banken sich ihre ersten Computer anschafften, kein Mensch vorgestellt hätte. Ohne die Elektronik wäre dieser

Umfang wohl bei keiner Bank mehr zu bewältigen, nicht einen Tag! In längst vergangenen Zeiten, als die Banken infolge reglementierter Habenzinsen noch mit ziemlich komfortablen Zinsspannen arbeiteten, waren sie in der Lage, die Kosten anderer Dienstleistungen, vor allem des Zahlungsverkehrs, aus den Zinserträgen zu subventionieren. Mit anderen Worten: Der Einleger und der Kreditkunde finanzierten gemeinsam Dienstleistungen der Banken an Kunden, die weder das eine noch das andere waren; nicht in nennenswertem Umfang zumindest. Selbst in großen Banken gab es damals eine Kalkulation der Kosten des Zahlungsverkehrs allenfalls in Ansätzen, wenn überhaupt. Das ist Vergangenheit. Die Freigabe der Habenzinsen im Jahre 1967 hat in der Tendenz, also unter erheblichen Schwankungen, eine Schrumpfung der Zinsspannen zur Folge gehabt.
Es bleibt den Banken, die wie alle anderen Kaufleute immer genauer rechnen müssen, nichts anderes übrig, als bestrebt zu sein, jede Sparte ihres Geschäfts zumindest ihre eigenen Kosten aufbringen zu lassen. Das führt dazu, daß allenthalben versucht wird, die Kontoführungsgebühren allmählich nach oben zu drücken; eine Entwicklung, die sicher noch nicht abgeschlossen ist. Dabei werden in vielen Fällen durch die Gestaltung der Gebühren dem Kunden Anreize gegeben, sein Konto in einer für die Bank günstigen Weise zu führen. Es wird also das Halten von Guthaben in unterschiedlicher Weise prämiert, beispielsweise durch Einräumung sogenannter Freiposten entweder im Verhältnis zum Durchschnittsguthaben oder dem »Bodensatz«. Ergebnis: Ein Kunde mit hohem Durchschnittsguthaben und nur wenigen Buchungen auf seinem Konto zahlt verhältnismäßig geringe Kontoführungsgebühren.
Wenn Sie an den Kontoführungsgebühren sparen wollen, so gibt es, außer einem (vielleicht) erfolgreichen Gespräch mit Ihrem Berater, keinen anderen Weg als den der Einschränkung der Zahl der Buchungen auf Ihrem Konto. Das wiederum bedeutet, daß Sie nicht nur mehr bar zahlen, sondern auch größere Geldbeträge mit sich herumtragen müssen; auch eine Abhebung ist ja ein Bu-

chungsposten. Dieser Weg der Ersparnis ist also mit gewissen Risiken und Unbequemlichkeiten verbunden. Ob sich die lohnen – wer wollte das für Sie entscheiden?
Keinen anderen Weg, sagten wir gerade. So ganz stimmt das vielleicht doch nicht. Unter gewissen Umständen kann es Ihnen helfen, sich einer Kreditkarte zu bedienen. Sicher haben Sie die Werbung für die verschiedenen Systeme (Eurocard, American Express, Diners Club, Visa) schon gesehen. Als Inhaber einer solchen Karte unterzeichnen Sie in den angeschlossenen Geschäften, Hotels, Gaststätten usw. nur einen Beleg. Die Kartensysteme ziehen diese Beträge dann einmal monatlich bei Ihrer Bank ein. Auf Ihrem Konto findet also nur eine Buchung statt. An Stelle von wie vielen, müssen Sie sich fragen, wenn Sie genau kalkulieren wollen. Denn umsonst gibt es die Karte ja auch nicht. Mit DM 100,– bis 140,– im Jahr müssen Sie schon rechnen. Nur ganz überschlägig also: Unterstellt, daß Sie bei Ihrer Bank (nur) DM 2,50 für jeden Buchungsposten zahlen und weiter, daß Sie durch die Verwendung der Kreditkarte monatlich im Schnitt vier Buchungsposten außerhalb der Freiposten sparen, so sind Kosten für die Karte von DM 120,– bereits an den Bankgebühren eingespart; von da an lohnt sich die Karte also. Dabei haben wir den für Sie günstigen Zinseffekt der monatlichen Abrechnung der Kartensysteme beiseite gelassen; er fällt nur bei größeren Beträgen ins Gewicht. Alles in allem hat es also schon Sinn, über den Erwerb einer Kreditkarte nachzudenken, vielleicht auch mit Ihrem Berater bei der Bank zu sprechen. Die Kreditkarte kann aber weder den Euroscheck noch das bare Geld ganz ersetzen, weil an jedes der Kartensysteme nur eine begrenzte, wenn auch bei allen steigende Zahl von Geschäften und Hotels angeschlossen ist. Erkundigen Sie sich daher genau, bevor Sie Ihre Wahl treffen.
Wir haben gesehen, daß die Führung Ihres laufenden Kontos und die Abwicklung Ihres Zahlungsverkehrs für die Bank kein sehr lukratives Geschäft ist. Ihr Berater in der Bank wird daher von seinen Vorgesetzten und vor allem von den Marketingspezialisten dazu angehalten, das Vorhandensein dieses Kontos und den damit

hergestellten Kontakt zu Ihnen für das sogenannte *cross-selling* zu nutzen. Das heißt, er soll versuchen, andere Geschäfte mit Ihnen zustande zu bringen, zum Beispiel die Einrichtung eines Girokontos, wenn Sie nur Sparkunde sind, oder umgekehrt. Vielleicht wird er Sie auch fragen, ob Sie die Finanzierung des nächsten Urlaubs schon beisammen haben, oder ob hierfür ein Kredit in Frage kommt. Sie brauchen diesen Wünschen natürlich nicht zu folgen. Aber je mehr und je vielfältigere Geschäfte Sie mit Ihrer Bank tätigen, desto interessanter werden Sie dort als Kunde; und desto eher können Sie beispielsweise auch einmal Anspruch auf ein Entgegenkommen in einer Kostenfrage erheben. Ihre Bankgeschäfte auf mehrere, oder jedenfalls auf zu viele Banken zu verteilen, wird also unter dem Gesichtspunkt der Kosten wohl kaum vorteilhaft sein.

Festgeld/Termineinlagen

Hier haben Sie eine weitere Spielart der Geldanlage. Die Banken nehmen Beträge von (meist) DM 10 000,– aufwärts als Einlage zu festen, im voraus individuell ausgehandelten Zinssätzen auf ebenfalls individuell festgelegte Zeiträume herein; die Regel sind ein bis drei Monate. Die Höhe des Zinssatzes hängt zum einen von dem gerade für diese Gelder oft von Tag zu Tag schwankenden Markt ab, zum anderen aber auch von der Liquiditätslage, also dem gerade gegebenen Geldbedarf der jeweiligen Bank. Dieser wiederum korrespondiert mit den Anlagemöglichkeiten, die die Bank in ihrem Aktivgeschäft hat. Festgelder (auch Termineinlagen genannt) dienen überwiegend zur Refinanzierung des kurzfristigen Kreditgeschäfts. Zieht die Kreditnachfrage an, so werden Festgelder von der Bank gesucht und relativ gut bezahlt. Eine für den Kunden günstige Zeit ist die Jahreswende, wegen des sogenannten *window-dressing*, einer gewissen Bilanz-Kosmetik der Banken, aber auch deshalb, weil um diese Zeit die Kreditnachfrage meist noch einmal anzieht. Läßt die Kreditnachfrage nach, wird die Bank eher versuchen, die hereingenommenen Festgelder, die sie dann nicht mehr so zahlreich gebrauchen kann, dadurch loszuwerden, daß sie niedrigere, für die Anleger weniger attraktive Zinsen bietet. Aber auch von der Höhe des von Ihnen als Kunden angebotenen Festgeldes hängt der Zins ab: Für größere Beträge wird deutlich mehr geboten. Können Sie sich da mit Ihrer Bank nicht einigen, so fragen Sie ruhig einmal bei der Konkurrenz nach. Es kann durchaus sein, daß deren Situation gerade anders ist.

Wir sehen also: Das Wesen dieser Anlageform ist es, daß sie beiden Seiten, Ihnen als Kunde und auch der Bank, ein hohes Maß an Beweglichkeit beläßt, anders als zum Beispiel das Spargeschäft. Es kann viele Gründe geben, größere zur Verfügung stehende Gelder vorübergehend oder auch länger als Festgeld anzulegen: günstige Zinsen, die sich gerade bieten; Warten auf günstigere Einstiegskurse bei anderen Anlagen, etwa an der Börse; ähnlich wie bei Spareinlagen das Ansammeln von Mitteln für geplante Investitionen. Vergessen Sie aber nicht; dies ist eine Sparte, wo um die Konditionen gepokert wird, und das um Bruchteile von Prozenten.

Kreditgeschäft

»Kreditinstitute« heißen sie, und wer vom Kreditgewerbe spricht, meint alle. Das zeigt, welche Bedeutung dieser Sparte seit jeher beigemessen wird. Und in der Tat leben die großen Banken und die Sparkassen, ebenso die Genossenschaftsbanken auch heute noch zum größten Teil von der Zinsspanne, also dem Unterschied zwischen den *an* ihre Einleger gezahlten und den *von* ihren Kreditkunden vereinnahmten Zinsen. In der Berichterstattung der Medien, die sich vielfach mit neu erschlossenen, oft publizistisch ergiebigeren Tätigkeitsfeldern der Banken befassen, kommt die Zinsspanne als Basis der Existenz aller für die Allgemeinheit wichtigen Kreditinstitute oft zu kurz; das trifft, schwer verständlich, auch für die Öffentlichkeitsarbeit der Banken zu. Und doch: Woran denkt »Herr oder Frau Jedermann« im Zusammenhang mit seiner, ihrer, Bank zuerst? Neben dem laufenden und dem Sparkonto doch an die Möglichkeiten, Kredit in Anspruch zu nehmen.

Deren gibt es, betrachtet man die Werbung der Banken, beinahe täglich mehr. Lassen Sie sich dadurch nicht verwirren! Sehr vieles, ja das meiste davon besteht im Erfinden neuer Verpackungen für schon Bekanntes. Aber das Bemühen, aus Kostengründen immer größere Teile des Geschäfts mit »kleineren« Kreditkunden zu standardisieren, bringt immer neue Programme hervor. Manchmal ist damit natürlich auch ein echter Vorteil für Sie als Kunden verbunden, weil Ihre Bank gerade bemüht ist, in dem Rennen um den Kreditkunden eine Nasenlänge vor der Konkurrenz zu liegen. Die Konkurrenz... Wir sprachen schon davon, wie scharf sie bei uns ist, und das gilt bei der Jagd nach Ausweitung des Kreditgeschäfts beinahe noch mehr als in anderen Sparten. Sie haben recht, wenn Sie davon Gebrauch machen und versuchen, das günstigste Angebot für sich zu finden. Es ist auch nicht anrüchig, mit Ihrer Bank um Bruchteile von Prozenten zu handeln. Als Prestigesache sollten Sie Erfolg oder Mißerfolg solcher Verhandlungen aber nicht betrachten. In aller Regel ist beides das Ergebnis einer sogenannten Einzelkontenkalkulation. Kalkuliert wird dabei nicht nur ein einzelnes (Kredit-)Geschäft, sondern die Geschäftsverbindung mit Ihnen als Ganzes. Je einträglicher diese Verbindung für die Bank ist, desto eher werden Sie im Einzelfall Zugeständnisse heraushandeln können.

Ein beliebtes Akquisitionsinstrument der Banken wird bei solchen Verhandlungen oft vom Kunden nicht als solches erkannt. Es ist das sogenannte Eintrittsgeld. Gemeint ist, daß eine Bank einem Kunden, den sie für sich werben will, nicht selten günstigere Konditionen, meist also niedrigere Kreditzinsen bietet als dessen bisherige Bank. Ehe Sie nun Ihrem Berater in Ihrer Hausbank Vorwürfe machen, vergessen Sie nicht: Auch die neue Bank muß im Geschäftsverkehr mit Ihnen verdienen. Sie wird früher oder später nach einem Ausgleich für das »Eintrittsgeld« suchen. Bevor Sie also wegen eher geringer Konditionenvorteile die Bank wechseln, überlegen Sie, ob es sich lohnt. Benutzen Sie das günstige Konkurrenzangebot zunächst einmal für die Verhandlung mit Ihrer bestehenden Bankverbindung.

Wie kommt es zu so verlockenden Angeboten, wenn doch alles so genau kalkuliert ist, werden Sie fragen. Nun, das Kreditgeschäft wird in den Banken zwar mit dem Computer kalkuliert, aber von Menschen betrieben und entschieden. Solange das so bleibt, behält gerade diese Sparte ein Element des Irrationalen, das viele Kunden nicht wahrnehmen und viele Banker nicht wahrhaben wollen.

Wofür? Wieviel? Wie lange?

Um diese Fragen vernünftig beantworten zu können, müssen wir die Verkaufswerbung der Banken beiseite lassen. Getrieben durch den Wettbewerb, versuchen sie, jedes Kreditengagement einzugehen, das unter bankmäßigen Gesichtspunkten vertretbar, das heißt, dessen Verzinsung und Rückzahlung mit keinen über das Normale hinausgehenden Risiken verbunden erscheint. Ob es in Ihrem Interesse liegt, sich für einen bestimmten Zweck zu verschulden, das müssen also schon Sie selbst beurteilen. Sie können sehr wohl von Ihrer Bank einen objektiven Rat darüber erwarten, ob eine bestimmte Verschuldungshöhe und -form Ihren Verhältnissen entspricht oder nicht. Wenn das aber der Fall ist, können Sie kaum damit rechnen, daß Ihr Berater in der Bank Ihnen etwa die Frage stellt, ob es statt eines neuen Wagens für DM 50 000,– nicht auch einer für DM 30 000,– täte.

»Wofür?« Diese Frage wird in der Werbung der Banken, vor allem derjenigen um private Kreditkunden, weitgehend als nicht existent behandelt. Sie können nicht erwarten und werden oft auch nicht wollen, daß Ihre Bank Sie hier beeinflußt. Die Banken sind keine moralische Anstalt und können es nicht sein, so wenig wie jemandes Vormund. Das gilt ganz sicher im privaten Bereich ihrer Kunden: Ob das teurere Auto Priorität hat oder die Reise auf die Malediven, das sollten Sie nicht den Banker fragen.

Anders mag es bei Geschäftskrediten sein. Da geht es um betriebswirtschaftliche Sachverhalte, und da wird sich Ihr Banker eher aufgerufen fühlen, Ihnen mit sachverständigem Rat zur Seite zu stehen. Ob er wirklich immer so sachverständig ist, darauf werden wir noch kommen. Halten wir fest: Wofür Sie Kredit in Anspruch nehmen, müssen Sie selbst entscheiden. Oder, wenn Sie jemanden um Rat fragen wollen, dann besser nicht Ihren Banker, der ein Interesse daran hat, Kredite zu verkaufen.

»Wieviel?« Bei dieser Frage gibt es schon eher ein paar Faustregeln, die Ihnen weiterhelfen. Lassen wir einmal zur Überbrückung vorübergehenden Bedarfs bestimmte Kontokorrentkredite beiseite – wir kommen gleich noch auf die Erklärung dieser Begriffe; sprechen wir also von solchen Krediten, mit denen Sie Anschaffungen im weitesten Sinn finanzieren wollen. Das können solche im privaten Bereich sein, Einrichtungsgegenstände, Auto und dergleichen, oder auch geschäftliche Investitionen. Geschäftlich wollen wir hier nicht nur betriebliche Investitionen im engeren Sinn nennen, sondern auch beispielsweise den Erwerb einer privaten Beteiligung oder von Wertpapieren, also solche Anschaffungen, die der Vermögensbildung dienen. Da gibt es ein paar Fragen, die Sie sich vorlegen sollten, gleich, ob Ihr Banker sie Ihnen stellt:

a) Welche Mittel stehen Ihnen mit Sicherheit zur Tilgung und Verzinsung Ihres Kredits zur Verfügung? Paßt die Laufzeit Ihres Kredits mit der von Ihnen veranschlagten Aufbringung dieser Mittel zusammen?
b) Wie lang ist bei nüchterner Beurteilung die Lebensdauer des angeschafften Gutes? Keinesfalls dürfen Sie es riskieren, noch durch den Kredit belastet zu sein, wenn das angeschaffte Gut schon zum alten Eisen geworfen oder jedenfalls wertlos ist.
c) Läßt Ihnen die Bedienung Ihres Kredits noch finanziellen Spielraum für Unvorhergesehenes?
d) Welchen Anteil an der Finanzierung Ihrer Anschaffung können Sie aus eigenen Mitteln bestreiten? Ein Viertel bis ein Drittel, sagt die Faustregel, sollte es sein. Je besser Sie gestellt sind, desto weniger eng brauchen Sie das zu sehen. Aber ganz ohne Eigenmittel zu finanzieren, ist doch auch bei noch so guten Verhältnissen ziemlich riskant.

Wie lange? Wir haben die Antwort auf diese Frage zum Teil schon oben unter b) vorweggenommen. Es gibt aber noch ein paar

Aspekte, an die Sie denken sollten, wenn Sie die Finanzierung einer Anschaffung mit Ihrem Banker aushandeln. Es könnte sein (je nachdem, um was für ein Gut es sich handelt), daß die Aufbringung der Tilgungsraten Ihnen in den ersten Jahren größere Schwierigkeiten macht, als dies für die Zeit danach schon abzusehen ist.

Dafür gibt es die Möglichkeit tilgungsfreier Jahre; die laufenden Tilgungen setzen erst nach zwei oder auch drei Jahren ein. Die Bank wird für einen solchen Wunsch eine halbwegs plausible Begründung wollen. Wenn Sie die geben können: Warum dann nicht? Besonders bei Haus- oder Wohnungskäufen, wo erfahrungsgemäß durch Umzug, Möblierung und ähnliches fast immer noch unvorhergesehene Kosten entstehen, können ein oder zwei tilgungsfreie Jahre eine große Erleichterung sein. Ein anderer Grund kann es sein, daß auf diese Weise Überschneidungen mit der Tilgung anderer Kredite vermieden werden. Nur, Sie können meist nicht damit rechnen, auf diese Weise die gesamte Laufzeit Ihres Anschaffungskredits zu verlängern. Dafür gibt es bei den Banken, bedingt durch deren eigene Refinanzierung (die Passivseite der Bankbilanz, erinnern Sie sich?), Obergrenzen, von denen nur sehr ungern abgegangen wird. Tilgungsfreie Jahre haben also zur Folge, daß hinterher etwas höhere Tilgungsraten zu zahlen sind.

Wundern Sie sich bei einem Anschaffungskredit, also einem länger laufenden Darlehen, nicht zu sehr, wenn Ihnen Ihre Bank die Zinskonditionen nicht für die gesamte Laufzeit zusagen will. Das hängt ebenfalls mit der Refinanzierung zusammen. Nehmen wir ein Beispiel: Sie wollen und bekommen ein Darlehen mit einer Laufzeit von zwölf Jahren; die jetzt gültigen Zinsen wird Ihnen die Bank in der Regel auf die Dauer von vier bis höchstens sechs Jahren zusagen. Danach muß neu verhandelt werden. Die Bank refinanziert das Darlehen durch von ihr hereingenommene, ebenfalls längerfristige Mittel; täte sie das nicht, so würde sie riskieren, eines Tages an dem Kredit, den sie Ihnen gewährt, Verlust zu machen, weil die von ihr selbst zu zahlenden Zinsen höher sein könnten als die von Ihnen vereinnahmten.

Vor einigen Jahren hat eine der Großbanken diesen Fehler in größerem Stil als andere gemacht: In der Erwartung niedrigerer Zinsen hat sie Teile ihres langfristigen Darlehensgeschäfts nicht kongruent, also nicht langfristig, refinanziert. Die Zinsen stiegen, statt wie erwartet zu fallen, und die Bank mußte für ein Jahr die Dividende ausfallen lassen. Die längerfristigen Refinanzierungsmittel stammen in der Regel von Kapitalsammelstellen, also Versicherungen, Pensionskassen u. ä., und die legen nicht länger als vier bis sechs Jahre an.

Im sogenannten Massengeschäft werden Anschaffungskredite der Banken häufig so ausgereicht, daß Tilgung und Verzinsung nach dem Annuitätenprinzip erfolgen. Der Begriff ist unten bei den Grundstückskrediten erklärt, weil er dort herstammt. Die Marketingleute der Banken gehen bei der Festlegung der Konditionen für solche (Standard-)Kredite von der Erfahrung aus, daß die Kreditnehmer weniger nach den eigentlichen Kosten fragen als nach der Höhe der von ihnen periodisch aufzubringenden, bei Annuitäten eben gleichbleibenden Raten, die sich aus Zins und Tilgung zusammensetzen. Es werden also bei längeren Laufzeiten und damit niedrigeren Raten auch recht hohe Zinsen vielfach klaglos in Kauf genommen. Aber ein Kunde, der nicht nach den Kosten fragt, werden Sie doch wohl nicht sein wollen. Wenn Ihnen also die Zinsen für einen Standard-Kredit zu hoch erscheinen, versuchen Sie ruhig, Ihren Kredit und seine Konditionen individuell auszuhandeln. Die Bank wird das nicht gern sehen, und ob sie sich darauf einläßt, hängt von den Umständen ab. Nur, unmöglich ist es nicht, schon gar nicht für den Computer, der in solchen Fällen gern vorgeschoben wird.

Grundstückskredite

Wir haben jetzt von Anschaffungskrediten allgemein gesprochen, dabei aber eine Variante ausgespart, die für viele mehr Bedeutung hat als alle anderen zusammen. Das sind Kredite zum Erwerb oder zur Verbesserung von Haus- und Grundbesitz. Wir können davon nur die Grundzüge behandeln. »Zum Erwerb oder zur Verbesserung von Haus- und Grundbesitz« ist vielleicht unzulässig verallgemeinernd. Denn es versteht sich von selbst, daß Sie Ihr Grundeigentum auch für andere Zwecke beleihen können. Es ist eine Kreditsicherheit wie andere.

Sicher ist Ihnen das Wort »Hypothek« ein Begriff. Hypothekendarlehen sind die klassische Form der Finanzierung und Beleihung von Grundeigentum. Ihre Besonderheit ist, daß sie unter Beachtung strenger gesetzlicher Regeln ausgereicht werden, die vor allem die Höhe der Beleihung eines Hauses oder Grundstücks begrenzen. Diese Regeln dienen dem Schutz der Pfandbriefkäufer, die den Hypothekenbanken die zur Refinanzierung solcher Darlehen erforderlichen Mittel zur Verfügung stellen; auch zu Ihrem Schutz also, wenn Sie sich nicht als Kreditnehmer, sondern als Sparer und Pfandbriefkäufer sehen. Dem Pfandbrief als Anlageform werden wir uns noch zuwenden. Hier nur so viel: Wer den Pfandbrief als ein besonders sicheres und daher für Kapitalsammelstellen, aber auch für den kleinen Sparer besonders geeignetes Anlagepapier bejaht, wer will, daß durch Begebung von Pfandbriefen in großem Umfang relativ günstig verzinsliche langfristige Mittel für die Immobilienfinanzierung zur Verfügung stehen; wer dieses für den einzelnen wie für die Volkswirtschaft vorteilhafte Instrumentarium will, der sollte sich schließlich auch mit den vorsichtigen Beleihungsregeln und dem, nun ja, oft recht bürokratischen Verhalten der Hypothekenbanken abfinden.

»Relativ günstig verzinslich« nannten wir die Hypothekarkredite gerade. Der Grund ist einfach einzusehen: Im Hypothekenbankgeschäft wird mit niedrigeren Verwaltungskosten und mit sehr viel niedrigeren Zinsspannen gearbeitet als im sogenannten kommerziellen Geschäft der Geschäftsbanken. Die Ausfälle, die die Hypothekenbanken bei ihren Ausleihungen erleiden, sind im Durchschnitt weitaus geringer als diejenigen im Kreditgeschäft der Geschäftsbanken; eine Folge der strengen Beleihungsvorschriften. Kein Wunder also, wenn im Hypothekenbankgeschäft trotzdem, also trotz so viel geringerer Spannen, gut verdient wird.

Ein Problem bei den Hypothekenzinsen: Hier wird es Ihnen, ge-

messen an der längeren Laufzeit, noch mehr als bei einem Darlehen im kommerziellen Bankgeschäft auffallen, daß die Bindungsfrist, die Ihre Hypothekenbank bei den Zinsen einzugehen bereit ist, nur auf eine vereinbarte Zeit beschränkt bleibt. Oft wird man Ihnen mehrere Alternativen anbieten: Beispielsweise eine Zinsbindung auf 5 Jahre mit einem niedrigen, eine auf 10 Jahre mit einem höheren und eine weitere auf 15 oder sogar 20 Jahre mit noch höherem Zins. Die Differenz zwischen der fünf- und der zehnjährigen Bindungsfrist wird meist zwischen 0,75 % und 1 % betragen; bei fünfzehnjähriger Zinsbindung wird es noch einmal etwa 0,5 % teurer. Das sind aber nur Richtgrößen. Der Grund auch hier: Die Hypothekenbank muß dem Käufer ihrer Pfandbriefe um so höhere Zinsen zahlen, je länger dieser ihr sein Geld überläßt.
Wie entscheiden Sie sich da? Einfach das billigste Angebot zu wählen, kann – aber eben nur: kann – Sie auf längere Sicht am teuersten kommen. Denn wie wird der Markt aussehen, wenn die fünf billigeren Jahre verstrichen sind? Niemand weiß es. So bleibt Ihnen nichts anderes übrig, als die gegenwärtigen Zinsen mit dem Durchschnittsniveau über einen längeren Zeitraum zu vergleichen. Stellen Sie dabei fest, daß Sie sich gerade in einer Periode relativ niedriger Zinsen befinden, so werden Sie gut daran tun, die längste Zinsbindung zu nehmen, die Sie bekommen können, auch wenn dafür die Zinsen zunächst höher sind.
Umgekehrt fällt die Entscheidung leichter: In einer Zeit hoher Zinsen wird man sich als Schuldner nicht länger binden als unbedingt nötig. In Perioden sehr hoher Zinsen wird oft auch der Weg gewählt, daß zunächst überhaupt keine langfristige, sondern lediglich eine kurzfristige Zwischenfinanzierung vereinbart wird. Ein an sich vernünftiges, aber nicht ganz risikofreies Verfahren. Es weiß schließlich niemand, wann die Zinsen wieder sinken und wohin sie möglicherweise vorher noch steigen werden; und die nur kurzfristige Bindung bei der Zwischenfinanzierung wirkt für und gegen beide Seiten, also auch für die Bank. Zu empfehlen eigentlich nur für wohlhabendere Kreditnehmer, die ein solches Risiko tragen können.

Was aber sind niedrige, was hohe Zinsen? Schwer zu beantworten! Auch die größten Experten haben sich da schon sehr geirrt. Der Vergleich über zehn oder zwanzig Jahre ist sicher nützlich. Meist, aber eben nicht immer, führt er zum richtigen Ergebnis. Sie dürfen auch Faktoren der allgemeinen Konjunktur nicht außer acht lassen. Zeiten mit niedrigen Inflationsraten gehen in der Tendenz mit eher niedrigen Zinsen einher; bei höheren Inflationsraten ist es umgekehrt. Leicht einzusehen: je niedriger die Inflationsrate, desto weniger benötigt der Anleger als Teil des Zinses eine Entschädigung für die während der Bindungsfrist zu erwartende Geldentwertung.

Aber was ist eine niedrige Inflationsrate in einer Welt, in der es Länder mit 1 % und solche mit 100–200 % gibt? Ist da eine Inflationsrate von, sagen wir, 6 % niedrig oder vielleicht, an unserem eigenen Durchschnitt gemessen, doch eher hoch? Wir können die Fragen hier nur stellen, nicht beantworten; es würde sonst ein volkswirtschaftlicher Wälzer aus diesem Buch. Und das Verhältnis zwischen Inflationsrate und Zinsgefüge ist so wie geschildert zwar logisch und, wenn Sie wollen, gerecht, aber danach geht es nicht immer. Oft wird, um nur ein Beispiel zu nennen, die Zinspolitik der Deutschen Bundesbank durch außenwirtschaftliche Einflüsse bestimmt, die mit unserer Binnenkonjunktur kaum etwas zu tun haben. Falls Sie sich bei der Einschätzung all dieser Faktoren einmal irren sollten: Den Volkswirten der Banken und selbst denen der Bundesbank ist das auch schon passiert, und mehr als einmal.

Wie also könnte die Finanzierung Ihres Hauskaufs aussehen, wenn wir unterstellen, daß Sie das erforderliche Eigenkapital von etwa 25 % des Kaufpreises beisammen haben? 75 % wollen Sie durch Aufnahme von Krediten finanzieren. 40 % gibt Ihnen die Hypothekenbank; das ist ein Richtwert, nicht mehr. Wo aber kommt der Rest her? Von der Bausparkasse, war früher die Antwort, und noch immer ist es eine, aber eben nur eine von mehreren. Auch Ihre Bank wird Ihnen ein Angebot machen, wahrscheinlich sogar das einer »Finanzierung aus einer Hand«. Das bedeutet, daß Ihre Bank

a) mit einer Hypothekenbank zusammenarbeitet, deren Angebot dann, meist ohne daß dies Ihnen gegenüber sichtbar wird, in der Ihnen von Ihrer Bank zugehenden Offerte enthalten ist,
b) entweder auch noch eine Bausparkasse hinzuzieht und deren Darlehen vorfinanziert – es kann ja normalerweise erst nach einer Ansparzeit von mehreren Jahren ausbezahlt werden – oder auch
c) an Stelle des Bauspardarlehens bzw. neben diesem eigene, das heißt durch Verkauf von Schuldverschreibungen refinanzierte längerfristige Mittel einsetzt.

Kein Zweifel, eine solche Finanzierung aus einer Hand ist bequemer als alles andere, was Sie bekommen können. Ob sie auch billiger ist oder nicht eher eine teure Finanzierungsform, wird nicht so leicht zu beantworten sein. Das liegt daran, daß Sie in der Regel in dem aus einer Hand kommenden Finanzierungsangebot Ihrer Bank die einzelnen Elemente nicht mehr erkennen und auseinanderhalten können, aus denen es zusammengesetzt ist. Wollen Sie also Vergleiche ziehen und wirklich so billig wie möglich finanzieren, so bleibt Ihnen nichts anderes übrig, als ein Konkurrenzangebot einzuholen, ebenfalls »aus einer Hand«, also vergleichbar. Zu machen ist das, und es kann Ihnen im einzelnen Fall durchaus einige Zehntelprozent sparen; keine Kleinigkeit bei den Beträgen und auch den Zeiträumen, um die es hier geht. Es kostet aber Zeit und Mühe, ein solches Projekt bei zwei Banken gleichzeitig durchzuziehen, und gleichzeitig müßte es schon sein, wenn die Bedingungen wirklich vergleichbar sein sollen, denn, weil vor allem der Pfandbriefmarkt und damit die Hypothekenkonditionen sich sehr schnell ändern können, sind solche Angebote fast immer mit sehr kurzen Annahmefristen versehen. Nach deren Ablauf ist Ihre Bank dann nicht mehr an ihr Angebot gebunden.

Ein Tip für den Fall, daß Sie Vergleiche ziehen wollen: Holen Sie sich das zweite Angebot aus einer anderen Bankengruppe. Also, wenn Ihre Hausbank eine der privaten Banken ist, könnte ein Konkurrenzangebot der Sparkasse aufschlußreicher sein, als dasjenige eines Instituts aus derselben Bankengruppe – und umgekehrt, versteht sich. Bei den eigentlichen Hypothekenzinsen, also nicht denen der Bausparkasse oder eines Bankdarlehens, gibt es ein einfaches Mittel, mit dem Sie sich vergewissern können, wie günstig oder ungünstig das Angebot ist, das Sie in Händen haben. Vergleichen Sie den Effektivzins für die Zinsbindungsfrist mit der gerade am Markt erzielbaren Rendite von Pfandbriefen mit gleicher Laufzeit. Liegt Ihr Hypothekenzins um etwa 1 % darüber, so kann man von einem durchschnittlichen Angebot sprechen. Liegt die Differenz deutlich unter 1 %, so greifen Sie am besten schleunigst zu. Es kommen aber auch Aufschläge bis zu 1,5 % vor. Da sollten Sie dann ruhig noch einmal verhandeln; da ist noch Luft drin.

Ist Ihnen die Finanzierung aus einer Hand, die Ihre Hausbank Ihnen anbietet, zu undurchsichtig, oder haben Sie schon einen angesparten Bausparvertrag in ausreichender Höhe zur Verfügung, so können Sie Ihren Haus- oder Wohnungskauf auf die klassische Weise finanzieren. Ihr Eigenkapital wird dann zum Teil aus Ihrem Ansparguthaben bei der Bausparkasse, im übrigen aus sonstigen Ersparnissen bestehen. Und den durch die Hypothek und das Eigenkapital nicht gedeckten Teil der Kosten finanziert das Bauspardarlehen.

Vielleicht ist Ihr Bausparvertrag noch nicht zuteilungsreif. In diesem Fall werden Sie keine Schwierigkeiten haben, bis zur Zuteilung eine Zwischenfinanzierung von Ihrer Bank oder, meist billiger, von der Bausparkasse selbst zu bekommen. Nur, wer immer Ihnen die Zwischenfinanzierung gibt, so billig wie das eigentliche Bauspardarlehen kann sie nicht annähernd sein. Der Nachteil dieser soliden Form der Bau- und Grundstücksfinanzierung liegt darin, daß niemand beim Abschluß eines Bausparvertrages den Zeitpunkt der Zuteilungsreife sicher voraussagen kann. Und ob Sie die Finanzierung gerade dann gebrauchen können, wenn sie infolge Zuteilungsreife des Vertrages zur Verfügung steht, können Sie vorher auch nicht wissen. Nehmen Sie aber die Zuteilung nicht an, weil Sie gerade keinen Haus- oder Grundstückskauf vorhaben, dann wird das Geschäft mit dem Bausparvertrag für Sie ungünstig. Denn der Nutzen liegt ja gerade darin, daß Sie zum frühestmöglichen Zeitpunkt das billige Bauspardarlehen erhalten. Das sind die Schwierigkeiten, die dann eben doch das Finanzierungsangebot »aus einer Hand« Ihrer Bank begünstigen.

Eine Besonderheit bei der Immobilienfinanzierung ist es, daß Tilgungs- und Zinsraten üblicherweise zu sogenannten Annuitäten verbunden werden. Das bedeutet, daß zu Beginn der Darlehenslaufzeit die Zinsen hoch sind, weil noch der gesamte Darlehensbetrag geschuldet wird und zu verzinsen ist. Die Tilgung beginnt mit minimalen Raten, je nach Laufzeit ein oder zwei Prozent pro Jahr; sie wird mit den Zinsen zu einem Betrag, eben der Annuität, zusammengezogen, der dann je nach Vereinbarung meist vierteljährlich zu entrichten ist. In dem Maß, in dem dann, weil getilgt und daher allmählich weniger geschuldet wird, weniger Zinsen zu zahlen sind, steigt die Tilgung, so daß die Annuität immer gleich bleibt – so lange die Festschreibung der Zinsen gilt, selbstverständlich. Das ist ein Verfahren, das viele Immobilienkäufe überhaupt erst möglich macht: Wären nämlich die Tilgungsraten, wie bei anderen Investitionskrediten üblich, gleichbleibend über die ganze Laufzeit, so hätten Sie als Darlehensschuldner am Anfang, gleich nach dem Immobilienkauf, die höchste und später, wenn Sie sich das ganze vielleicht dank steigenden Einkommens besser leisten könnten, eine immer geringere Belastung.

Achten Sie auf einen oft übersehenen Punkt: Je kürzer aufeinanderfolgend die Fälligkeit der Annuitäten, desto teurer ist, bei gleichem Nominalzins, der effektiv zu zahlende Zinssatz; eine Folge des Zinseszinseffekts, den im einzelnen zu erklären hier zu weit führen würde. Aber vom Prinzip her ist es einfach; bei späteren Annuitätenfälligkeiten bleibt der jeweilige Betrag der Annuität länger bei Ihnen, arbeitet also für Sie, und umgekehrt. Also: Gelingt es Ihnen bei gleichbleibendem Nominalzins, eine Umstellung von vierteljährlicher auf halbjährliche Annuitätenzahlung zu erreichen, so ist das ein Erfolg. Bei den langen Laufzeiten lohnt es sich.

Sie müssen in diesem Zusammenhang auch auf den Rhythmus der Zins- und Tilgungsverrechnung achten. Es gab nämlich Institute, bei denen früher geleistete Zins- und Tilgungszahlungen erst zu einem späteren Zeitpunkt, etwa zum Jahresende, auf die zu verzinsende Schuld angerechnet wurden. Bis dahin gewährte der Schuldner mit seiner Zahlung der Bank de facto ein zinsloses Darlehen. Die wahre Höhe der Kreditkosten konnte dann nur noch durch die Angabe des Effektivzinses (siehe unten) ermittelt werden. Diesem Mißbrauch hat der Bundesgerichtshof inzwischen einen Riegel vorgeschoben.

Je nach Ihrem Einkommen, Ihrem Familienstand und manchmal auch Ihrem Beruf (öffentlicher Dienst?) bekommen Sie beim Hauskauf steuerliche Erleichterungen und unter gewissen Voraussetzungen auch verbilligte Kredite der öffentlichen Hand. Wir können dieses Gebiet hier nicht behandeln, weil das Ergebnis zu sehr von den persönlichen Verhältnissen jedes einzelnen abhängt. Vergessen Sie aber nicht, es in Ihre Überlegungen mit einzubeziehen. In der Regel weiß Ihr Berater in der Bank Bescheid. Auf jeden Fall ist er in der Lage, Spezialisten hinzuzuziehen, die sich nur mit diesen Programmen beschäftigen.

Kurzfristiger Kredit

Die Kreditformen, über die wir bisher gesprochen haben, hatten eines gemeinsam: Es handelte sich um Kredite zur Finanzierung von Gütern, die für längere Zeit benutzt werden. Daß man sie, der Nutzungsdauer angepaßt, mit längerfristigen Krediten finanziert – bei Grundstücken die längsten –, ist verständlich. Das können Sie vor sich selber, im schlimmsten Fall sogar vor Ihren Erben verantworten. Die Banker nennen nur diese langfristigen Kredite »Darlehen«, im juristischen Vokabular heißen alle Ausleihungen so. *Langfristig* im Sinne der Bankbilanz sind übrigens Laufzeiten ab vier Jahren, von einem bis »vier Jahre minus ein Tag« heißt *mittelfristig* und bis zu einem Jahr *kurzfristig*.

Kurzfristige Kredite haben in der Regel andere Verwendungszwecke und auch andere Modalitäten der Inanspruchnahme als längerfristige. Beginnen wir beim Zweck: Hier nun wirklich von sehr wenigen Ausnahmen abgesehen, sollten Sie Anschaffungen nicht mit kurzfristigem Kredit finanzieren. Die Regel gilt eigentlich nur dann nicht, wenn es sich um die Vorfinanzierung mit Sicherheit zu erwartender Geldeingänge handelt. Denken Sie zum Beispiel an Ihr Weihnachtsgeld, das durch Kreditaufnahme schon im November verfügbar zu machen und auszugeben wohl nicht unsolide genannt werden kann. Ganz allgemein ist also der kurzfristige Kredit geeignet, Ihnen privat wie geschäftlich zu einer gewissen Bewegungsfreiheit bei Ihren Gelddispositionen zu verhelfen.

Beziehern fester Einkommen räumen die Banken gern, oft sogar ungefragt, einen sogenannten Dispositionskredit auf ihrem laufenden Konto in Höhe einiger Monatseinkommen ein. Sehr bequem, sehr kulant, aber nicht billig. Oft auch verführerisch: Wenn Sie nämlich als Folge einer solchen Überziehungsmöglichkeit sich daran gewöhnen, Ihr Gehalt in der ersten Monatshälfte auszugeben und in der zweiten dann ins Soll zu gehen, so ist das zwar für Ihre Bank recht einträglich. Ihre eigene Bewegungsfreiheit ist aber nicht größer geworden, und Ihre vierteljährliche Zinsabrechnung wird nicht dazu beitragen.

Nun zur Form der Inanspruchnahme: Lang- und mittelfristige Kredite (Darlehen) werden fast immer in einem Betrag ausbezahlt, auf einem eigenen Darlehenskonto verbucht und entweder, das ist die Regel, in Raten zu feststehenden Terminen oder am Ende der Laufzeit in einem Betrag getilgt. Kurzfristige Kredite dagegen werden, Ihrem Verwendungszweck angepaßt, in Kontokorrentform in Anspruch genommen.

»Kontokorrent« ist einer der vielen aus dem Italienischen stammenden Ausdrücke nicht nur des Bankgeschäfts, sondern des kaufmännischen Lebens überhaupt. Sie wissen, die grundlegenden Techniken des Bankgeschäfts, vor allem des unbaren Zahlungsverkehrs, wurden schon im frühen Mittelalter von lombardischen Geldwechslern erfunden; daher die vielen aus dem Italienischen stammenden Ausdrücke. Es ist erstaunlich, in welchem Umfang das Bankgeschäft, vor allem eben hinsichtlich der Grundzüge seiner Technik, auch heute noch auf den Erfindungen dieser ersten Bankiers im heutigen Sinne fußt.

Das Kontokorrent also: Nichts anderes als ein Konto, in das täglich oder jedenfalls laufend anfallende Geldgeschäfte zwischen zwei Partnern eingestellt werden, so wie sie vorkommen, wobei die einzelnen Forderungen zwischen den Partnern durch Einstellung in das Kontokorrent erlöschen. Im bankmäßigen Kontokorrentverkehr wird täglich saldiert, anders gesagt, die heute auf Ihrem Kontokorrentkonto eingehenden Beträge werden mit den über das Konto getätigten Zahlungen sogleich ausgeglichen. Ihr Kontoauszug zeigt die einzelnen Buchungen und deren Saldo. Ein Kontokorrentkredit ist bei seiner Einräumung zunächst nichts anderes als die Möglichkeit für Sie, ins Debet zu gehen, Schuldner der Bank zu werden. Bei laufenden Ein- und Ausgängen auf dem Konto sehr praktisch: Heute sind Sie im Soll, morgen geht Geld ein, und Sie kommen wieder ins Haben; Sie verzinsen nur die Beträge, die Sie der Bank geschuldet haben und für die Zeit, in der das der Fall war.

Konditionen

Wir haben schon einiges über die Zinsen bei verschiedenen Arten von Kredit gesagt. Das war aber nicht alles, was Sie darüber doch einmal gehört haben sollten. Und wenn wir von Kreditkonditionen sprechen, so gehört dazu noch mehr: alle Bedingungen, die erfüllt sein müssen, damit der Kredit, den Sie von der Bank haben wollen, zur Auszahlung bereit steht. Die meisten werden solche sein, die Sie selbst erfüllen können und müssen. Es mag aber auch andere geben, wie zum Beispiel der Eintritt eines bestimmten Datums oder die Bestellung von Kreditsicherheiten durch Dritte.

Zinsen, noch einmal:
Fangen wir, wie wir es oben getan haben, bei den Darlehen an, also bei den längerfristigen, zur Finanzierung von Anlagegütern bestimmten Krediten. Für Ihre Bank wäre es am bequemsten, wenn sie hier, wie wir es nachher bei den kurzfristigen Ausleihungen sehen werden, einen Zinssatz vereinbaren könnte, der jederzeit,

allerdings dann auch von beiden Seiten, zur Diskussion gestellt werden und dem jeweiligen Markt angepaßt werden könnte. Das würde viele Überlegungen hinsichtlich der Refinanzierung ersparen. Einleuchtend: Wenn die Bank die Verzinsung ihrer Ausleihungen jederzeit dem Markt anpassen könnte, so brauchte sie auf der Einlagenseite nur zu nehmen, was sie gerade, also auch zu Marktzinsen, bekommen könnte, würde bei den Ausleihungen ihre Spanne daraufschlagen und hätte ihr Refinanzierungsproblem gelöst. So einfach ist es aber schon lange nicht mehr.
Für Sie als Kunden wäre das ein unkalkulierbares Risiko, denn jede mit Kredit finanzierte Anschaffung, die sich ja normalerweise erst nach und nach rentieren soll, könnte sich durch nicht vorauszusehende Zinsänderungen schon innerhalb kurzer Zeit als eine finanzielle Belastung herausstellen, mit der Sie in dieser Höhe nicht gerechnet hatten. Der Markt hat daher die Banken auch bei den nicht mit Pfandbriefen, also relativ unproblematisch refinanzierten Darlehen des eigentlichen Bankgeschäfts zu festen Zinssätzen gezwungen. Auf variable oder auch nur bei Änderungen des Kapitalmarkts möglicherweise veränderbare Zinsen brauchen Sie sich bei langfristigen Darlehen nicht einzulassen, und das sollten Sie auch bestimmt nicht tun. Lesen Sie auch das Kleingedruckte! Aber wir sagten es schon: Länger als vier bis äußerstens sechs Jahre laufen die Zusagen nicht.
Neben dem Zins haben Sie bei längerfristigen Darlehen sehr häufig einen weiteren Kostenfaktor: das Disagio. Manchmal wird es auch anders genannt. Es läuft aber immer auf dasselbe hinaus, nämlich, daß Sie bei der Auszahlung des Darlehens weniger erhalten als den eigentlichen Darlehensbetrag, den Sie aber trotzdem in voller Höhe zurückzahlen und verzinsen müssen. Die Banken wollen auf diese Weise ihre Kunden daran hindern, einmal aufgenommene, von der Bank fristenkongruent refinanzierte Darlehen vor Fristablauf zurückzuzahlen, was manchmal unter Ausnutzung von Möglichkeiten des Darlehensvertrages, mitunter aber auch vertragswidrig geschieht. Grund für ein solches Verhalten eines Darlehensnehmers ist meist eine Änderung der Marktlage, die es ihm

möglich macht, dasselbe Darlehen anderswo zu günstigeren Zinsen zu bekommen. Fair gegenüber der Bank ist das nicht immer, aber die Banker wissen ein Lied davon zu singen.
War nun das Darlehen unter Abzug eines Disagios ausgezahlt worden, so wird für den Kunden, der den ganzen Darlehensbetrag, einschließlich des Disagios, zurückzahlen muß, die bisherige Darlehenslaufzeit unverhältnismäßig teuer; er wird sich überlegen, ob sich das lohnt.
Von diesem Effekt abgesehen, ist das Disagio für Sie als Kunden ein Kostenfaktor wie der Zins. Sie können und werden von Ihrer Bank verlangen, daß sie Ihnen den sogenannten anfänglichen Effektivzins nennt, in den nach einer mathematischen Formel die Elemente Nominalzins, Tilgungs- und Verzinsungsrhythmus (wir sahen oben dessen Bedeutung) und Disagio eingehen. »Anfänglich« ist er deswegen, weil er nur für die Zeit berechnet werden kann, auf die Ihre Bank eine Zinsbindung einzugehen bereit ist. Nur dieser Effektivzins ermöglicht Ihnen Vergleiche zwischen den Angeboten verschiedener Banken; hüten Sie sich davor, etwa nur auf den Nominalzins zu achten. Leider gibt es einen ziemlich üblen Trick, mit dem hin und wieder versucht wird, den ausgewiesenen und dem Kunden genannten Effektivzins günstiger erscheinen zu lassen als er ist. Es wird nämlich ein Disagio und daneben noch eine *Bearbeitungsgebühr* verlangt und in die Berechnung des Effektivzinses nur das Disagio einbezogen. Das ist ein Täuschungsmanöver, nichts anderes! Denn zu den Kreditkosten, dem Preis des Kredits, gehört die Bearbeitungsgebühr selbstverständlich genauso wie das Disagio. Wo beides verlangt wird, müssen Sie sicherheitshalber nachfragen. Es kommt so etwas glücklicherweise nicht oft vor. Wenn Sie aber dahinterkommen, sollten Sie sich wirklich überlegen, ob eine solche Bank Ihr Vertrauen verdient.
Viel einfacher ist die Verzinsung bei den kurzfristigen (Kontokorrent-)Krediten. Hier nennt Ihnen Ihre Bank einen »b.a.w.-Satz«. Er gilt »bis auf weiteres«. Beide Seiten können ihn, falls sie glauben, er sei nicht mehr marktgerecht, jederzeit zur Diskussion stellen und eine Änderung fordern. Oft muß dann hart verhandelt

werden, und es kommt schon einmal vor, daß man sich trennt, wenn man sich nicht einigen kann. Das sieht so aus, daß der Kunde mit seinem Konto und seinem Kreditbedarf zu einer anderen Bank geht, die ihm ein günstigeres Angebot gemacht hat. Zögern Sie nicht, Ihre Interessen hartnäckig zu vertreten. Nur vergessen Sie nicht die Sache mit dem Eintrittsgeld. Verdienen, das will und muß die neue Bank auch.

Kreditsicherheiten

Das ist ein Thema, über das es immer wieder eine Menge Ärger gibt. Fast häufiger noch als bei den Zinsen sind Gefühle im Spiel. Auf Seiten des Kunden gekränkte Eitelkeit, wenn er nämlich hört, daß seine Bank ihn als ein weniger gutes Risiko ansieht, als er das in seinen eigenen Augen ist. Bei der Bank spielen mitunter Mangel an Phantasie oder übertriebenes Sicherheitsbedürfnis eine Rolle, bei den unteren Instanzen hier und da das Bestreben, sich nach oben hin abzusichern. Alles ganz verständlich, und alles hinderlich für vernünftig betriebene, beiden Seiten nützliche Geschäfte. Ein Rezept für jeden Einzelfall gibt es nicht, einen Rat allenfalls: Wenn Sie wirklich glauben, daß es Ihre Bank übertreibt mit dem Verlangen nach Sicherheit, dann testen Sie ihre eigene Bonität, indem Sie bei einer anderen Bank anfragen. Die Bereitschaft, Eintrittsgeld zu bezahlen, wird hier, wo es um das Risiko geht, sehr viel kleiner sein als etwa bei den Kreditkosten. Ist also die Nachbarbank großzügiger als die Ihre, so könnten Sie Anlaß haben, mit Ihrer Bank noch einmal ernstlich zu sprechen. Hören Sie aber drüben dasselbe wie bei Ihrer Bank, so haben Sie sich vielleicht doch ein wenig zu stark eingeschätzt. Immer besser, das zu wissen, als aus einer illusionären Position heraus zu verhandeln.

Kommen wir zu den Einzelheiten: Für die Banker, und so ist es auch für Sie am besten zu übersehen, gibt es zwei große Gruppen von Sicherheiten. Das sind einmal die Immobiliarsicherheiten, also Pfandrechte an Haus- und Grundbesitz, und auf der anderen Seite die sogenannten mobilen Sicherheiten. Diese letzteren sind untereinander ganz verschieden und haben eigentlich nur eines gemeinsam: eben daß sie sich nicht auf Immobilien erstrecken.

Allgemein ist es so, daß für langfristige Kredite, also solche mit einer Laufzeit von über vier Jahren, fast immer Grundpfandrechte zu geben sind. Ausnahmen hiervon sind allenfalls die standardisierten Anschaffungskredite des Massengeschäfts, sonst so wenige, daß sie uns hier nicht zu beschäftigen brauchen. Bei kurzfristigen Krediten sind die Gebräuche nicht so streng. Da findet man je nach Bonität des Kreditnehmers, Höhe und Zweck der Krediteinräumung und natürlich den beim Kreditnehmer vorhandenen Möglichkeiten alle Arten von Sicherheiten: auch hier Grundpfandrechte, dazu Sicherungsübereignungen von Waren, von Gebrauchsgütern wie zum Beispiel Kraftfahrzeugen, Abtretungen von Forderungen, Verpfändung von Wertpapieren oder auch Bürgschaften von Außenstehenden.

Gleich hier ein Wort zu den Bürgschaften: Aus Gefälligkeit oder aus eigenem Interesse an der Krediteinräumung übernommen, kommen sie häufig vor, sind auch, wenn der Bürge zahlungsfähig ist, von der Bank im Notfall nicht schwer zu verwerten. Aber denken Sie daran, von allen Kreditsicherheiten sind sie diejenigen, mit denen im Ernstfall alle Beteiligten am meisten Ärger haben. Selbst für die Bank gilt das. Überlegen Sie es sich zweimal, bevor Sie eine Bürgschaft unterschreiben. Es ist niemals nur eine Formalität! Was hier für die Bürgschaft gesagt wurde, gilt selbstverständlich ebenso für alle anderen Sicherheiten, die von Dritten gestellt werden, von anderen also als dem Kreditnehmer selbst. Alle Kreditsicherheiten kommen auch in dieser Form vor, die Bürgschaft aber bei weitem am häufigsten.

Ein Rat noch hierzu: Sollten Sie wirklich einmal eine Bürgschaft geben, so wird Ihnen die Bank hierfür ein Formular vorlegen, das den Verzicht auf die »Einrede der Vorausklage« enthält. Diese Einrede besagt, daß sich der Bürgschaftsnehmer, bevor er den Bürgen in Anspruch nimmt, zunächst an den Hauptschuldner halten muß, bis zur erfolglosen Zwangsvollstreckung sogar. Dem Grundsatz nach im Bürgerlichen Gesetzbuch (§ 771 BGB) festgelegt, kann das vertraglich abgedungen werden, und das versuchen die Banken aus begreiflichen Gründen mit ihren Formularen zu tun.

Sie wollen sogenannte selbstschuldnerische Bürgschaften, bei denen der Bürge genau wie der Hauptschuldner, und sogar ganz allein, in Anspruch genommen werden kann. Genieren Sie sich nicht, diese Abdingungsklausel aus dem Bürgschaftsformular zu streichen. Die Bank wird sich zieren und dann wahrscheinlich nachgeben. Ärgerlich genug, für einen anderen zahlen zu müssen. Auch noch vor ihm in Anspruch genommen zu werden, das sollte sich selbst in einem solchen Fall vermeiden lassen.

Wir sind abgeschweift. Sehen wir uns an, wer nun was wie abzusichern hat. Ein Blick in dic *Allgemeinen Geschäftsbedingungen* Ihrer Bank – die sollten Sie schon einmal lesen – zeigt Ihnen, daß diese sich das Recht ausbedungen hat, für jede Art Kredit, die Sie etwa in Anspruch nehmen, jederzeit Sicherheit zu verlangen, auch nachträglich, und auch dann, wenn bei der Krediteinräumung keine Sicherstellung vereinbart worden war. Es sei denn, die Bank hätte ausdrücklich auf Sicherstellung verzichtet, also nicht mit einer Formulierung wie »einstweilen« oder »unverbindlich«. Über diesen Passus in den Allgemeinen Geschäftsbedingungen wird Ihre Bank in fast gar keinem Fall mit sich reden lassen. Eine andere Frage ist es, ob und wann eine Bank von diesem Recht Gebrauch machen wird. Wenn nicht von vornherein die Sicherstellung einer Kreditlinie vereinbart war, geschieht dies nur ganz ausnahmsweise dann, wenn sich die Verhältnisse des Kreditschuldners derart verschlechtert haben, daß die Bank Angst um ihre Ausleihung bekommt.

Wenn Sie mit Ihrer Bank über Sicherheiten sprechen, kann es einen Grund geben, die Frage von deren Bestellung nicht zu sehr hochzuspielen. Bedenken Sie, in den Zinsen ist immer auch eine Risikoprämie enthalten. Können Sie der Bank also mit dem Argument kommen, gerade Ihr Kreditengagement sei durch die von Ihnen gestellten Sicherheiten weitgehend risikofrei, so mag es Ihnen gelingen, im Austausch gegen Ihr Entgegenkommen bei den Sicherheiten Zugeständnisse der Bank bei den Zinsen auszuhandeln. Das wäre doch kein schlechtes Geschäft?

Wenn Sie nun daran gehen, ausbedungene Sicherheiten zu bestellen, so wird Ihnen, wie schon bei der Bürgschaft gesagt, die Bank hierfür vorbereitete Formulare vorlegen. Das ist an sich kein Grund zum Mißtrauen, sondern dient der Rationalisierung. Aber nicht nur dazu. Es ist begreiflich, daß die Formulare in der Regel so gefaßt sind, daß der Bank möglichst weitgehende Rechte eingeräumt werden. Meist so weitgehend, wie die Rechtsprechung der höchsten Gerichte es eben noch zuläßt. Das muß also nicht heißen, daß auch Sie mit allem zufrieden sind, und noch weniger, daß nicht über einzelne Punkte Verhandlungen möglich wären. Wichtig ist, daß Sie genau lesen und erst unterschreiben, wenn Sie sicher sind, alles verstanden zu haben. Sie können damit rechnen, daß die Bank von den Rechten, die Sie ihr bei der Bestellung von Sicherheiten einräumen – in erster Linie geht es natürlich darum, wann und wie die Bank diese Sicherheiten verwerten darf –, daß also die Bank davon nicht mißbräuchlich Gebrauch machen wird. Das darf sie auch gar nicht; der über dem gesamten Bankvertrag stehende Grundsatz kundenfreundlichen Verhaltens stünde dem entgegen. Aber Rechte sind Rechte; sie als bloße Formalität zu betrachten, wäre ein Fehler. Was Sie im Ernstfall nicht gegen sich gelten lassen wollen, das unterschreiben Sie lieber nicht. Sicherheiten sind immer nur für den Ernstfall bestimmt!

Offenlegung der Verhältnisse

Im Kreditgeschäft der Banken gehört es zu den Grundregeln des Handwerks, daß die Bank sich Gewißheit über die Verhältnisse ihres Kreditnehmers verschafft. Das Kreditwesengesetz (KWG) schreibt ihr dies auch, von Bagatellfällen abgesehen, vor; und der Wirtschaftsprüfer der Bank muß sich in seinem alljährlichen Prüfungsbericht ausdrücklich dazu äußern, ob diese Vorschrift eingehalten wird. Die Fälle, in denen das nicht der Fall ist, müssen einzeln aufgeführt und kommentiert werden. Der Bericht geht an den Aufsichtsrat der Bank, aber auch an das Bundesaufsichtsamt für das Kreditwesen. Sehen Sie es also nicht als ungehörig an, wenn Ihr Banker Ihnen ins Detail gehende Fragen stellt. Er kann gar nicht anders.

Was heißt aber »Gewißheit über die Verhältnisse«? Aus gutem Grund sagt das Gesetz das nicht. Es gibt kein Rezept dafür, das allgemein gültig wäre. Auf jeden Fall muß die Bank über die Vermögens- und Einkommensverhältnisse und selbstverständlich auch über die Schulden ihres Kreditkunden Bescheid wissen, um beurteilen zu können, ob ihr Engagement vertretbar ist. Bescheid wissen nicht nur bei Einräumung des Kredits, sondern laufend; dies wiederum wird in der Praxis meist so gehandhabt, daß die Bank einmal jährlich die erforderlichen Informationen beim Kunden einholt. Bei Krediten an Firmen wird sie sich die Jahresbilanz sowie die dazu gehörige Gewinn- und Verlustrechnung geben lassen. Wenn diese Unterlagen nicht aussagekräftig genug sind oder wenn der Kunde meint, die Bilanz stelle seine Verhältnisse zu negativ dar, wird die Bank sich ergänzende Unterlagen und Auskünfte geben lassen. Bei Arbeitnehmern wird die Bank häufig mit dem Lohn- oder Gehaltsstreifen der Buchhaltung des Arbeitgebers zufrieden sein. Oft werden die Nachweise auch durch den letzten Steuerbescheid geführt.

Im Zusammenhang mit der Offenlegung der Verhältnisse wird immer wieder die Frage gestellt, ob denn dabei die erforderliche Diskretion sichergestellt sei, ob nicht Außenstehende, wer sie auch seien, erfahren könnten, was sie nichts angeht. Die Frage ist berechtigt; und nicht jeder wird mit dem Hinweis darauf, daß die Bank ihren Kunden gegenüber und jeder einzelne Bankangestellte aus dem Arbeitsvertrag heraus der Bank gegenüber zu strengster Geheimhaltung verpflichtet ist, zufrieden sein. Man muß sich aber wohl damit abfinden, daß es eine absolute Sicherheit gegen Indiskretionen nicht gibt und daß eine solche Sicherheit auch durch noch so sorgfältige Vorkehrungen nicht zu schaffen ist. Tatsache ist aber, daß diese Überlegung mit der alltäglichen Praxis nicht viel zu tun hat. Fälle, in denen das Bankgeheimnis wirklich gebrochen wurde, sind so selten, daß die meisten Banker, auch solche in leitender Stellung, sich selbst nach jahrzehntelanger Berufstätigkeit an keinen einzigen erinnern können. Das liegt an einer Erziehung, die schon dem jüngsten Lehrling klarmacht, daß jeder Verstoß für

die Bank, aber auch für jeden dafür Verantwortlichen, schwerwiegende Konsequenzen hätte.
Ein Tip für Mißtrauische: Sehen Sie sich an kleinen Orten und bei lokalen Kreditinstituten an, wer in den Aufsichtsräten, Verwaltungs- oder Beiräten Ihrer Bank sitzt und damit zumindest bei größeren Geschäften Gelegenheit haben könnte, etwas über Ihre Verhältnisse zu erfahren. Wenn das nun gerade der Konkurrent ist, dann schlafen Sie vielleicht doch ruhiger, nachdem Sie mit Ihrem Konto zu einer anderen Bank gegangen sind. Eine Illusion ist es, wenn Kunden zwar nicht ihrer Bank ihre Verhältnisse offenbaren wollen, wohl aber einem einzelnen Bankangehörigen, sei er wer immer. Verständlich, weil es leichter ist, einem Menschen zu vertrauen als einer anonymen Institution, aber eben doch Illusion deshalb, weil jeder Bankangehörige seine Pflichten gröblich verletzten würde, wenn er sich auf so etwas einließe, der Bank also Informationen vorenthielte, die sie zur ordnungsgemäßen Beurteilung ihres Kreditrisikos benötigt. Sie können eigentlich selbst kein Interesse daran haben, mit jemandem in der Bank zusammenzuarbeiten, der sich so illoyal verhielte.
Und wie steht es mit dem Finanzamt?! Im Prinzip wie mit allen anderen Außenstehenden, ist die Antwort, aber eben nur im Prinzip. Eines voraus: Sie können von Ihrer Bank auf keinen Fall erwarten, daß sie Ihnen bei gesetzwidrigen Transaktionen behilflich ist. Gleichermaßen steht aber fest, daß Ihre Bank niemandem gegenüber verpflichtet, Ihnen gegenüber jedoch nicht berechtigt ist, solche Transaktionen irgendeiner Behörde zu melden. Allerdings, da gibt es eine Grenze. Die Steuerfahndung ist im Rahmen eines Ermittlungsverfahrens, also wenn der Verdacht von Steuervergehen besteht, in der Lage, die Bank zur Offenlegung aller Konten eines bestimmten Kunden zu zwingen. Dasselbe kann beim Verdacht von Delikten aus dem Bereich des allgemeinen Strafrechts die Staatsanwaltschaft mit Hilfe eines richterlichen Beschlagnahmebeschlusses erreichen. Sie sehen also: Ihre Bank kann bei Vorliegen bestimmter Voraussetzungen von außen her gezwungen werden, das Bankgeheimnis zu durchbrechen. Es muß leider ge-

sagt werden, daß sowohl die Steuer- wie die Justizbehörden in der Lage sind, diese Voraussetzungen auf Verdacht zu schaffen, was mitunter auch geschieht.

Und schließlich: der Erbfall. Nach dem Erbschaftssteuergesetz (§ 33, Abs. 1) muß jede Bank beim Tode eines Kunden dem für die Erbschaftssteuer zuständigen Finanzamt alle bei ihr angelegten Werte des Verstorbenen mitteilen. Bei Kapitalvermögen über DM 50 000,– geht von dort eine Kontrollmitteilung an das für die Besteuerung des Einkommens und Vermögens des Verstorbenen zuständige Finanzamt. Sie sehen: Von einem lückenlosen Bankgeheimnis gegenüber den interessierten Behörden kann nicht die Rede sein.

In Zukunft wird man damit rechnen müssen, daß auch international den noch vorhandenen Oasen, in denen diese Einblicksmöglichkeiten des Fiskus und der Justiz bis jetzt nicht oder nicht in gleichem Umfang bestehen, ein Ende bereitet werden wird. Neben den Bemühungen der nationalen Steuerbehörden wird dazu die Notwendigkeit führen, die Geldquellen der internationalen organisierten Kriminalität aufzudecken. Die Steuersünder werden dabei mit unter die Räder kommen, und der Fiskus wird ungeniert Gebrauch davon machen.

»Finanzwarenhaus«, Kombination von Finanzgeschäften

Banken sind nicht die einzigen Anbieter auf dem Feld der Finanzgeschäfte und -dienstleistungen. Das Hypothekendarlehen, das eine Versicherung gegeben hat, ist einer Hypothekenbank entgangen. Das in einem Bausparvertrag angelegte Geld kommt so bald auf kein Sparkonto bei einer Bank und umgekehrt. Die Prämien, die Sie an Ihre Lebensversicherung zahlen, letzten Endes auch eine Form der Geldanlage, sind für jede andere Anlageform verloren, und das meist für immer. Selbst im Wertpapier- und Emissionsgeschäft begegnen die Banken der Konkurrenz von Spezialinstituten. Es hat sich da allerdings inzwischen eine gewisse Ernüchterung eingestellt, nachdem es eine Reihe gar zu leichtsinnig lancierter Aktienemissionen gegeben hatte. Wir sehen aber, die verschiedenen Sparten von Finanzinstituten stehen im Wettbewerb untereinander, und das, obwohl ihr Angebot sich nur teilweise überschneidet. In diesem Wettbewerb liegen Vor- und Nachteil auf der Seite der Banken dicht beieinander. Auf der einen Seite sind sie auf Grund ihres gewaltigen, bis ins letzte Dorf reichenden Niederlassungsnetzes und mit Hilfe eines zum großen Teil sehr gut qualifizierten Personals besser als alle anderen Anbieter von Finanzdienstleistungen in der Lage, ihr Angebot an den Kunden heranzutragen. Dem steht aber gegenüber, daß die Erhaltung eben dieser beiden Wettbewerbsvorteile ihre Gewinn- und Verlustrechnungen mit einem Anteil an Sach- und Personalkosten belastet, der ihre Beweglichkeit einschränkt. Und der breite Kundenkreis zwingt sie zu einem Maß an Rücksichtnahme auf die unterschiedlichsten Interessen, das es Konkurrenten immer wieder möglich macht, sich zu Lasten des Marktanteils der Banken gleichsam Rosinen aus dem Kuchen der Finanzdienstleistungen herauszupicken. Das alles hat in den letzten Jahren Bewegung in den Markt gebracht. Konzentrationsprozesse sind in Gang gekommen, deren Ende nicht abzusehen ist. Was sie für den Kunden zu bedeuten haben könnten, kann deshalb hier nur angedeutet werden. Beginnen wir mit dem, was jetzt schon sichtbar ist.

Banken/Hypothekenbanken

Das Hypothekenbankgesetz vom Beginn dieses Jahrhunderts hatte die Hypothekenbanken als selbständige Institute konzipiert, die dem Grundsatz nach mit den Geschäftsbanken nichts zu tun hatten. Nur einige Institute, die schon bei Inkrafttreten des Hypothekenbankgesetzes beides waren, also Geschäfts- und Hypothekenbanken, durften bleiben, was sie waren. Auch die Sparkassen und ihre Zentralinstitute, die heutigen Landesbanken, blieben in beiden Geschäftssparten tätig. Inzwischen hat sich das alles geändert. Alle größeren Geschäftsbanken arbeiten eng mit einer von ihnen kapitalmäßig beherrschten Hypothekenbank zusammen, oft sogar

mit mehreren. Die Bausparkassen, zumindest die größten von ihnen, sind teilweise noch unabhängig. Wie lange das so bleibt, ist nur noch eine Frage der Zeit.
Für Sie als Kunden hat diese Entwicklung einen eindeutigen Vorteil: das »Angebot aus einer Hand«. Wir sprachen bei der Grundstücksfinanzierung darüber. Allerdings hat die Erleichterung, nicht mehr mit verschiedenen Stellen verhandeln zu müssen, ihren Preis. Und den zahlen Sie.

Banken/Versicherungen
Seit eh und je gab es (Minderheits-)Beteiligungen von Versicherungen an Geschäftsbanken und in Einzelfällen auch umgekehrt. Das waren meist reine Finanzbeteiligungen, die allenfalls zu Präferenzen in Sparten wie dem Geldanlage- und Geldhandelsgeschäft führten. Ein im eigentlichen Sinne unternehmerisches Konzept lag ihnen, soweit ersichtlich, nicht zugrunde. Beide Seiten betrieben ihr Geschäft unabhängig voneinander. Als Kunde konnten Sie erwarten, in Ihrer Bank zum Abschluß von Versicherungen nur dann gedrängt zu werden, wenn die Bank dies in Ihrem eigenen Interesse für angebracht hielt, manchmal auch zur Absicherung eines Kredits.
Schon vor einigen Jahrzehnten zeigten sich hier Veränderungen. In dem beiderseitigen Bestreben, das flächendeckende, kostspielige Filialnetz der Banken besser zu nutzen, kamen die ersten, damals meist auf bestimmte Sparten beschränkten Kooperationsverträge zustande, vielfach auf dem Gebiet der sogenannten Restschuldversicherungen. Das sind spezielle Lebensversicherungen, die die restliche Schuld aus einem Ratenzahlungskredit abdecken, falls der Schuldner vor völliger Rückzahlung stirbt. Die Bank erhält aus dem Prämienaufkommen der von ihr vermittelten Versicherungen eine Vergütung von Seiten der Versicherung, hat also ein eigenes Interesse an solchen Abschlüssen, und zwar nicht mit irgendeiner Versicherung, sondern mit ihrem Kooperationspartner.
Der nächste Schritt führt uns in die Gegenwart: Die Neue Heimat, der größte Bauträger der Bundesrepublik, bricht zusammen. Die

weitgehende Liquidation der Unternehmensgruppe des Deutschen Gewerkschaftsbundes – wir alle haben es verfolgt – hat zu ganz neuartigen Zusammenschlüssen geführt und damit eine Entwicklung eingeleitet, die noch längst nicht abgeschlossen ist. Als Staatsbürger dieses Landes müssen wir wohl froh sein, wenn ein Fall wie dieser so abgeht. Denn welche Alternativen gäbe es, die nicht mit großem Schaden für die gesamte Volkswirtschaft verbunden wären? Aber als Kunden, als Marktteilnehmer also? Die Zukunft wird es lehren.

Was das Zusammenspiel zwischen Banken und Versicherungen angeht, so hat es gerade erst begonnen. Daß hier nun eine große Bank und eine große Versicherung kapitalmäßig verflochten sind und einheitlich unternehmerisch geführt werden, zwingt die Konkurrenten dieser beiden Gruppen unweigerlich zum Handeln. Als Kunde müssen Sie damit rechnen, sich in Zukunft immer engeren Verflechtungen von Banken und Versicherungen gegenüber zu sehen. Wer da im Einzelfall wen beherrscht, wird Ihnen eher gleichgültig sein können. Ob das Kartellamt eingreifen kann, ob man das überhaupt wünschen soll angesichts zunehmender ausländischer Konkurrenz für die deutschen Finanzinstitute? Ein weites Feld. Mehr noch als bisher werden jedenfalls Sie sorgfältig abwägen müssen, ob Kombinationen zwischen Bank- und Versicherungsgeschäften, die Ihre Bank Ihnen anbietet, wirklich in Ihrem Interesse liegen. Als Verkaufsargument werden neben der Abdeckung von Risiken meist steuerliche Vorteile ins Feld geführt. Ob sie gegeben sind, ob sie die höheren Kosten aufwiegen, und ob das auch auf längere Sicht zu erwarten ist – die Entscheidung darüber kann Ihnen niemand abnehmen. Allein oder mit Hilfe neutraler Berater werden Sie da überlegen müssen. Denn Ihr Berater in der Bank ist, vergessen Sie das nicht, auch und zu allererst Verkäufer.

Banken/Beratungsunternehmen
Beratungsunternehmen spielen eine immer größere Rolle in einer Volkswirtschaft, deren internationale Verflechtungen, deren organisatorische, technische, personelle und technologische Anforderungen ständig wachsen. Das wird so bleiben, weniger für die Großunternehmen und auch nicht ganz so für den Privatkunden, um so mehr aber für kleinere und mittlere Unternehmen wie auch für die freiberuflich Tätigen. Wir wissen heute, daß diese Gruppen keineswegs zum Aussterben verurteilt sind. Ganz im Gegenteil, diejenigen von ihnen, die es schaffen, sich den rasch wechselnden Verhältnissen anzupassen, finden gerade wegen des mit dem Wachstum der Großunternehmen oft einhergehenden Mangels an Elastizität gute Chancen. Aber: Der kleine Bauunternehmer, der Metzger, auch der Arzt und der Strafverteidiger – sie alle können nicht zusätzlich zu ihrem Beruf auch noch Experten für EDV, Betriebsorganisation, Lagerverwaltung und schließlich für Finanzierungs- und Steuerfragen sein. Das geht nicht einmal bei mittleren Unternehmen mit Jahresumsätzen in mehrstelligen Millionenbeträgen. Der Bedarf an qualifizierter Beratung auf den verschiedensten Gebieten ist also gewaltig; aller Voraussicht nach wird er noch beträchtlich ansteigen.
Hier nun hat eine Entwicklung eingesetzt, die man nur mit größter Skepsis sehen kann. Immer schon war der Banker innerhalb gewisser Grenzen auch Berater seines Kunden und wurde in finanziellen Fragen als vertrauenswürdig und kompetent angesehen. Mit Recht sicher so lange, wie er sich als Finanzberater sah, nicht als Unternehmensberater. Alle Anzeichen deuten darauf hin, daß die Banken mit dieser ihrer traditionellen Rolle nicht mehr zufrieden sind. Sie glauben, sich die Beschränkung auf diese Rolle nicht mehr leisten zu können. Es gibt bereits eine Mehrheitsbeteiligung an einem bedeutenden Beratungsunternehmen, weitere werden folgen. Den aus diesem Anlaß publizierten Beteuerungen, an der Neutralität dieser Firma werde sich dadurch nichts ändern, möchte man gern glauben. Nur, welchen Sinn hätte der Erwerb der Beteiligung dann gehabt?

Auch hier wieder gilt: So etwas setzt die Konkurrenten in Zugzwang. Sie brauchen sich nicht zu wundern, wenn Ihre Bank sich wie andere in ihrer Öffentlichkeitsarbeit mehr und mehr als »Problemlöser« darstellt, was immer für Probleme gemeint sein mögen. Alle eigentlich, so sieht es aus. So sind denn auch in wohl allen größeren Banken die Vorbereitungen für den Einstieg in die Unternehmensberatung schon weit gediehen. Halten Sie hier als Kunde die Augen offen! Es ist nur natürlich, daß Sie bei Bedarf Ihre Bank bitten, Ihnen geeignete Berater vorzuschlagen. Fragen Sie aber, in welchen Beziehungen das vorgeschlagene Beratungsunternehmen zur Bank steht. Gibt es eine Verflechtung, werden Sie selbst sich die Frage stellen, wie es dann noch um die Objektivität der Beratung bestellt sein kann, ganz sicher in den Grenzgebieten, in denen die Interessen von Kunden und Bank sich nicht decken. Es gibt sie, und als Kunde können Sie nicht immer erkennen, wo sie beginnen.

Schuldnerprobleme?

Es gibt ein unfreundliches Wort über die Banken: Sie verteilten Regenschirme, wenn die Sonne scheine, und sammelten sie wieder ein, sobald es anfange zu regnen. Banker antworten darauf, ein anderes Verhalten könne sich ein Unternehmen, das mit vier Prozent Eigenkapital arbeite, gar nicht leisten. Beides hat einen Kern von Wahrheit. Liegt also ein Mißverständnis vor zwischen den Banken und der öffentlichen Meinung über sie? Wenn es eines gibt, so ist die Öffentlichkeitsarbeit der Banken nicht unschuldig daran.

Machen wir uns die Ausgangslage klar: Das geringe Eigenkapital der Banken steckt überwiegend in deren Grundstücken und sonstigem Anlagevermögen. Alle Mittel, mit denen die Banken ihr eigentliches Geschäft betreiben, jede Mark insbesondere, die sie ausleihen, haben sie sich ihrerseits geliehen. Sie müssen sie verzinsen und zurückzahlen, gleich ob sie selbst Zinsen erhalten oder vielleicht sogar das Kapital einer Ausleihung verloren haben. Dazu kommt, daß das Bankgeschäft, wir sahen es schon, auch sehr hohe Sach- und vor allem Personalaufwendungen erfordert. Die Gewinne sind im Verhältnis zu den Kosten strukturell so niedrig, daß sie rasch dahinschmelzen würden, wenn an irgendeiner Stelle etwas aus dem Ruder liefe. Es gab Beispiele dafür in den letzten Jahren. Das Maß an Großzügigkeit, das Banken sich gegenüber ihren Schuldnern leisten können, ist also sehr begrenzt. In ihrer Werbung und sonstigen Öffentlichkeitsarbeit ist von dieser Situation eines Marktteilnehmers mit Stärken und Schwächen wie alle anderen nicht viel zu sehen. Als eine Art Mentor und väterlicher Freund, als Ratgeber in – beinahe – allen Lebenslagen erscheinen sie da. Das kehrt sich dann gegen sie, wenn es sich eigentlich als richtig erweisen müßte, nämlich dann, wenn ein Kreditschuldner in Schwierigkeiten gerät. In solchen Lagen werden von den Betroffenen, von Behörden, vor allem aber von den Medien und von Politikern, immer wieder Erwartungen in die Banken gesetzt, denen diese bei weitem nicht entsprechen können. Wer je an Gläubigerversammlungen in Insolvenzverfahren oder an Sanierungsverhandlungen teilgenommen hat, der weiß, daß Forderungen und Vorwürfe an die Adresse der Banken zum festen Repertoire solcher Veranstaltungen gehören.

Beginnen wir nicht gleich beim Schlimmsten. Nehmen wir an, Sie kämen mit Ihrer Kreditlinie nicht mehr zurecht. Vielleicht hat die Bank mehr oder weniger vorsichtig deren Einhaltung angemahnt; wahrscheinlich haben Sie sich darüber geärgert. Wie verhalten Sie sich? Was wird die Bank tun? Es gibt eine Grundregel: Ihre Bank muß wissen, was los ist bei Ihnen, jetzt noch mehr als sonst. Ein unsicher gewordener Banker wird zu Überreaktionen neigen. Das könnte Ihnen in einer solchen Lage sehr schaden. Sprechen Sie also mit Ihrer Bank, wenn Sie Schwierigkeiten mit Ihrer Liquidität haben. Suchen Sie gemeinsam nach einem Ausweg.

Dazu gehört allerdings, daß Sie Ursachen, Umfang und mutmaßliche Dauer der Klemme selbst so genau wie möglich analysieren. Die Bank wird Sie danach fragen. Bringen Sie plausible Erklärungen mit, wird man Ihnen wahrscheinlich helfen, soweit es irgend

geht. Ein Kunde, der die Hilfe, die seine Bank ihm versagt, bei einer anderen findet, ist eine schlechte Reklame.
Was aber, wenn Sie den Überblick verloren haben und aus eigener Kraft nicht in der Lage sind, ihn wieder zu gewinnen? Das kann ja auch ohne Ihre Schuld so sein. Schieben Sie in einer solchen Lage die Entscheidungen nicht auf, vertrauen Sie nicht darauf, daß alles sich von selbst regeln werde. Suchen Sie sich sachkundigen Rat bei einem geeigneten Rechtsanwalt oder Steuerberater. Es kostet Geld, aber aus Unsicherheit heraus zustande gekommene Entscheidungen Ihrer Bank könnten teurer für Sie werden.
Merkwürdigerweise ist die bei Liquiditätsschwierigkeiten fast am häufigsten zu beobachtende Verhaltensweise von Kreditnehmern diejenige, die das größte Risiko enthält: die des Vogel Strauß. Das heißt, den Dingen ihren Lauf zu lassen und die Bank vor vollendete Tatsachen zu stellen, indem man ihr die Kontoverfügungen, manchmal sogar Wechsel, ins Haus schickt. Sie wird schon einlösen. Wird sie? Das mag zunächst so sein. Die Bank wird sich meist scheuen, gleich Alarm zu schlagen. Aber lange kann so etwas unmöglich gut gehen. Ob die vielen, die so verfahren, dabei bedenken, wieviel Goodwill sie sich damit verderben, auf den sie wahrscheinlich noch angewiesen sind?
Alles, was hier über den Fall einer vorübergehenden Liquiditätsklemme gesagt wurde, gilt um so mehr, wenn es noch schlechter steht. Machen wir uns nichts vor: Es kann sein, daß Sie bei der Aufnahme eines Kredits die Zukunft zu optimistisch eingeschätzt haben. Dafür kann es viele Gründe geben, viele auch, die mit leichtsinnigem Optimismus nichts zu tun haben. Sollten Sie in eine solche Lage geraten, so halten Sie sich, so schlimm es auch sein mag, doch vor Augen, daß so etwas zwar Ihnen zum erstenmal begegnet, Ihrer Bank aber nicht. Die Kreditexperten dort haben das schon öfter erlebt. In vielen Fällen gibt es Lösungen, die nicht darin bestehen, daß Sie Ihr Eigentum veräußern müssen. Kredite, die in der vereinbarten Frist nicht getilgt werden können, kann man in längerfristige umschulden, einzelne Tilgungsraten kann man stunden. Für vieles gibt es Rezepte, an die Sie nicht gleich denken werden.

Sie sind in einer solchen Lage auf Hilfe und guten Rat angewiesen. Beides können Sie innerhalb von Grenzen, auf die wir gleich kommen werden, von Ihrer Bank erwarten. Sie hat jedenfalls insoweit das gleiche Interesse wie Sie, als sie nicht wünschen kann, daß es zu einem Zusammenbruch kommt. Zwei Dinge gibt es, die Sie auf keinen Fall tun sollten, weil der Schaden dadurch noch größer würde: Das eine ist, machen Sie Ihrer Bank nichts vor. Das Vertrauen in Ihre persönliche Integrität, das Sie dort genießen, ist das letzte, das Sie jetzt verlieren dürfen. Das zweite: Begeben Sie sich nicht in die Hände von Helfern, die Ihnen das Fell über die Ohren ziehen. Die sogenannten Kredithaie sind gemeint. Das sind Winkelfirmen, die auf diesem Gebiet im trüben fischen, in Inseraten Hilfe anbieten, die dann in der Regel darin besteht, daß eine »Umschuldung« zu Konditionen durchgeführt wird, von denen der betroffene Schuldner sich kaum je mehr erholen kann. Im Gegensatz zu Ihrer Bank haben solche Unternehmen keinen guten Namen zu verlieren.

Wir sagten, Ihre Bank habe in solchen Situationen dasselbe Interesse wie Sie. Natürlich, für die Bank ist ein Kunde, dessen wirtschaftliche Existenz gerettet werden konnte, immer die bessere Lösung gegenüber einer Pleite. Oft ist aber die Bank nicht der einzige Gläubiger. Bei Zahlungsschwierigkeiten von Unternehmen gibt es fast immer noch Schulden gegenüber Lieferanten, dem Finanzamt, manchmal sogar der AOK und der Post. Mit den Interessen dieser anderen Gläubiger decken sich die der Bank durchaus nicht immer. Sie ist einer von ihnen, und nur selten kommt es vor, daß alle Gläubiger in so einem Fall an einem Strang ziehen. Meistens versucht jeder, nicht anders auch die Banken, sich Vorteile gegenüber den anderen zu verschaffen, für sich zu retten, was zu retten ist. Das kann dem Schuldner gleich sein, wenn er seinerseits die Hoffnung aufgegeben hat, den Bestand seines Unternehmens noch retten zu können, und wenn er nicht persönlich haftet. Es gibt aber viele Fälle, wo ein vorzeitiges Aufgeben sehr nachteilig wäre. Einer solchen Lage ist kein Schuldner allein gewachsen; sein Ansehen ist nicht mehr groß genug für eine Mittlerstellung zwischen den widerstreitenden Interessen. Auch die Bank kommt dafür nicht in Betracht. Sie ist jetzt Partei und mit der Wahrnehmung ihrer Interessen beschäftigt. Wenn da noch etwas zu erreichen ist, ohne daß es zu einem gerichtlichen Insolvenzverfahren kommt, dann nur mit Hilfe eines erfahrenen Beraters, dessen Unabhängigkeit von keiner Seite bezweifelt wird, meist eines Anwalts.

Wertpapiergeschäft

In Deutschland ist seit jeher das sogenannte Universalbanksystem eingeführt. Das bedeutet unter anderem, daß deutsche Geschäftsbanken nicht nur das Einlagen- und Ausleihungsgeschäft betreiben, sondern auch das Wertpapier- bzw. Börsengeschäft. Sie können am Schalter Ihrer Bank Wertpapiere aller Art kaufen und verkaufen sowie die Ihnen gehörenden Wertpapiere ins Depot geben, also dort verwahren und verwalten lassen. Rechtlich gesehen kaufen Sie nicht von Ihrer Bank, sondern geben dieser den Auftrag, dies für Sie an der Börse zu tun. Umgekehrt ist es dasselbe, die Bank verkauft für Sie an der Börse. Das können Sie ohne die Bank, die oder deren Zentralinstitut Börsenmitglied ist, nicht erledigen. Verwahren und verwalten können Sie Ihre Wertpapiere auch selbst. Sie müssen dann allerdings selbst darauf achten, daß Sie bei Aktien die Dividende bekommen, bei festverzinslichen Wertpapieren die Zinsen zu den Zinsterminen und bei Investmentpapieren die jeweiligen Ausschüttungen. Auch auf Auslosungen, Bezugsrechte und noch vieles andere müssen Sie dann selbst achten. Das ist der Grund dafür, daß die meisten Kunden diese Arbeiten Ihrer Bank überlassen.

Wer durchaus an den Depotgebühren sparen oder es aus irgendeinem Grund nicht haben will, daß ihm seine Bank in die Karten schaut, macht es so: Von jeder Art Wertpapier ein Stück ins Depot; das wird von der Bank verwaltet. Die restlichen Stücke ins Schließfach. Dadurch, daß die Bank bei dem einen in ihrer Verwaltung befindlichen Stück tut, was jeweils zu geschehen hat, wird der

Kunde für die im Schließfach liegenden Stücke automatisch daran erinnert und kann sich selbst um alles kümmern. Kein Risiko, daß etwas vergessen wird. Die Bank kennt das Spiel, versteht sich, und sieht es weniger gern.
Alle deutschen Geschäftsbanken, Sparkassen usw. betreiben das Wertpapiergeschäft, je nach ihrer Geschäftsstruktur allerdings mit unterschiedlicher Intensität. In diesem Zusammenhang Börsentips zu geben, wäre verfehlt; sie sind kurzlebig. Was heute richtig sein mag, kann morgen ganz falsch sein. Lassen Sie uns aber betrachten, welche Möglichkeiten es überhaupt im Wertpapiergeschäft gibt, welche Arten von Wertpapieren also. Wir werden sehen, was Vor- und Nachteile der einzelnen Anlageformen sind. Daraus lassen sich einige Grundsätze darüber entwickeln, welche Papiere für welche Anleger besser geeignet sind als andere.

Hauptarten von Wertpapieren

Alle Arten von Wertpapieren zu behandeln, würde unseren Rahmen sprengen. Beschränken wir uns auf dasjenige, das zu wissen für Sie vorteilhaft ist, bevor Sie mit Ihrem Berater in der Bank sprechen und bevor Sie Ihr erstes Wertpapier erwerben. Wir wollen die grundlegenden Unterschiede zwischen Aktien, also Dividendenpapieren, und Schuldverschreibungen bzw. Pfandbriefen, also festverzinslichen Papieren, und daneben auch Investmentanteilen behandeln.

Aktien

Wer eine Aktie kauft, beteiligt sich an einem Unternehmen. Die Beteiligung teilt, das muß jeder Aktionär wissen, das Schicksal dieses Unternehmens. Geht es ihm gut, so steigt der Wert der Aktie; der Wert, nicht immer auch der Preis. Steht es aber schlecht um das Unternehmen, so ist es umgekehrt. Eine andere Frage ist es, ob und wie lange Sie eine solche Entwicklung als Aktionär begleiten. Denn Aktien, zumindest an der Börse eingeführte, haben einen Markt, eben die Börse, und auf diesem Markt wird ständig gekauft

und verkauft. Der Preis der Aktie wird also nicht von irgendeiner neutralen Instanz festgestellt. Wie bei einem Grundstück, einem Bild oder einem anderen marktfähigen Wertgegenstand bestimmt er sich vielmehr danach, was an der Börse jemand dafür zu zahlen bereit ist. Dadurch, daß es für die Aktien eines Unternehmens an einem bestimmten Börsentag zu einem bestimmten Preis Käufer und Verkäufer gibt, bildet sich der Börsenkurs dieser Aktie für diesen Tag.
Am nächsten Tag kann er schon wieder anders sein, höher oder niedriger. Das kann damit zu tun haben, daß es über das betreffende Unternehmen neue Informationen gibt, die dessen Aussichten, und damit den Wert seiner Aktien, in neuem Licht erscheinen lassen. Es kann sich aber auch um Nachrichten handeln, die mit einem einzelnen Unternehmen überhaupt nichts zu tun haben, sondern mit der Konjunktur im ganzen. Und nicht nur das. Vielleicht sehen Sie ihn gelegentlich bei der Zeitungslektüre, den schönen Satz: Die Börse war verstimmt. Manchmal ist sie verstimmt, manchmal euphorisch über Nachrichten, nach deren Bezug zu den Aktienwerten man schon eher suchen muß. Schon ein politischer Krach genügt mitunter, und die Kurse sinken. Eine Landtagswahl wird von der Seite gewonnen, von der man sich für die Wirtschaft ein wenig mehr erwartet; die Kurse steigen.
Neben dem Rechenstift machen Gefühle den Kurs, aber eben nicht nur sie. Ein paar objektive Anhaltspunkte für den Wert einer Aktie gibt es schon auch. Ein ganz wichtiger ist das Kurs-Gewinn-Verhältnis (price-earning ratio), also die Zahl, die aussagt, das Wievielfache des Jahresgewinns pro Aktie der Kurs ist. Ein niedriges Kurs-Gewinn-Verhältnis, also beispielsweise eines deutlich unter 10, kann aussagen, daß mit dem Kauf dieser Aktie kein großes Kursrisiko verbunden ist. Es kann aber auch bedeuten, daß die Börse diesem Papier wenig Aussichten auf Kurssteigerungen beimißt. Warum, und ob die Annahme richtig ist, das sind ganz andere Fragen. Wir erwähnten den Jahresgewinn pro Aktie. Verwechseln Sie Ihn nicht mit der Dividendenrendite. Das ist der Prozentsatz, mit dem sich Ihr beim Kauf der Aktie eingesetztes Kapital aus den jährlichen Gewinnausschüttungen, den Dividenden, verzinst.

Nicht immer kann eine hohe Dividendenrendite ein Indiz dafür sein, daß dieser Kauf sich lohnt. Die innere Stärke einer Gesellschaft, die gerade dadurch wächst, daß beachtliche Teile des Gewinns nicht ausgeschüttet werden, sondern im Unternehmen verbleiben, kann für den nicht spekulativ eingestellten Anleger, der seine Aktie länger behalten will, viel wichtiger sein. Sie schließlich sorgt dafür, daß das Unternehmen auch schlechte Zeiten, ohne Schaden zu nehmen, übersteht. Die Dividendenrendite gerade vieler wirklich guter Papiere ist niedrig im Vergleich zu den bei anderen Anlageformen erreichbaren Renditen. Wer vor hat, vom Ertrag seiner Vermögensanlage ganz oder teilweise zu leben, sollte sich das überlegen. Sieht man einmal vom Spekulanten ab, der damit rechnet, seinen Nutzen aus dem Auf und Ab der Kurse zu ziehen, so ist die Anlage in guten Aktien also eher demjenigen zu empfehlen, der durch die Beteiligung an aussichtsreichen Gesellschaften allmählich ein Vermögen aufbauen will, ohne zu sehr auf rasche, hohe Erträge angewiesen zu sein.

Festverzinsliche

Das ist eine große, recht heterogen zusammengesetzte Gruppe von Wertpapieren. Gemeinsames Merkmal: Hier handelt es sich nicht um den Erwerb einer Beteiligung an einem Unternehmen, sondern einer verzinslichen Geldforderung gegen den Emittenten (Begeber) des Wertpapiers. Wer ein festverzinsliches Wertpapier kauft, tauscht sein Geld nicht wie beim Aktienerwerb in einen wie auch immer zu bewertenden Sachwert um, sondern in eine Geldforderung. Solange der Emittent überhaupt zahlungsfähig ist, hängt das Schicksal eines solchen Wertpapiers nicht von seiner mehr oder weniger günstigen Entwicklung ab. Er schuldet zu einem bestimmten Zeitpunkt einen bestimmten Betrag, dazu laufend die von vornherein feststehenden Zinsen; nicht mehr und nicht weniger.

Auf den ersten Blick könnte man meinen, auch der Preis eines solchen Papiers stünde damit zu jedem Zeitpunkt zweifelsfrei fest. So ist es aber nicht. Auch diese Papiere werden an der Börse gehandelt, und ihr Preis bestimmt sich aus Angebot und Nachfrage. Gleiche und gleichbleibende Zahlungsfähigkeit (Bonität) der Emittenten unterstellt, ergeben sich Preisunterschiede und -schwankungen hauptsächlich aus der Rendite im Vergleich mit dem zum Zeitpunkt eines Verkaufs am Markt gerade erzielbaren Zins. Also: Zu einem Zeitpunkt, zu dem der Emittent X gerade Schuldverschreibungen mit einem Zins von 7 % und einem Ausgabekurs von 100 % begibt, werden die Papiere, die Emittent Y ein halbes Jahr zuvor mit 6,5 % Zins und gleichem Auszahlungskurs begeben hat, an der Börse mit einem unter 100 % liegenden Kurs notiert sein, unter pari, sagen die Börsianer. Der Markt gibt 7 % Zins her; jeder Käufer des älteren Papiers wird nur einen Preis zugestehen wollen, der ihm ebenfalls 7 % Verzinsung bringt, gleiche Bonität der beiden Emittenten unterstellt, selbstverständlich. Es werden also in Hochzinsperioden begebene Papiere bei einem Sinken des Marktzinses über pari notiert werden, in Niedrigzinsperioden begebene nach Steigen des Marktzinses unter pari. Auch auf dem Markt der festverzinslichen Papiere gibt es so die Möglichkeit, an Kursschwankungen Gewinn oder Verlust zu erzielen. Die Kursschwankungen haben hier allerdings nur ausnahmsweise mit der Situation des Emittenten zu tun, regelmäßig aber mit der Entwicklung des Marktzinses; und so drastisch wie manchmal bei Aktien sind sie auch nur selten.

Ein Hinweis noch: Wir sagten schon, Pfandbriefe und Kommunalobligationen werden an der Börse gehandelt. Das kostet Geld, Gebühren. Die können Sie dann sparen, wenn Sie am Bankschalter die dort gerade angebotenen Neuemissionen kaufen. Der Nachteil dabei ist, daß Sie auf diese Weise keine älteren Papiere bekommen können, die Sie vielleicht gerade wegen der nur noch kürzeren Laufzeiten gern gehabt hätten. Daran müssen Sie denken, wenn Sie anfangen, sich einen Bestand von Festverzinslichen aufzubauen, daß er nicht nur aus lauter Papieren mit gleicher Laufzeit bestehen sollte; vor allem natürlich dann nicht, wenn Sie gerade in einer Periode niedriger Zinsen kaufen. Gestreute Fälligkeiten eröffnen Ihnen immer wieder die Möglichkeit, ohne Einsatz neuer Mittel günstige Anlagemöglichkeiten wahrzunehmen.

Wir sprachen von der heterogenen Zusammensetzung dieser Gattung von Wertpapieren. Die verschiedenen Gruppen von festverzinslichen Wertpapieren bestimmen sich nach den unterschiedlichen Emittenten und den daraus folgenden, ebenfalls unterschiedlichen rechtlichen und wirtschaftlichen Gegebenheiten. Emittenten können Industrieunternehmen sein. Sie brauchen dazu nach § 795 BGB eine Genehmigung. Das gleiche gilt für die Geschäftsbanken. Eine weitere Gruppe von Emittenten bildet die öffentliche Hand, also Bund, Länder und Gemeinden. Schließlich, und ihrer Bedeutung nach sicher nicht zuletzt, haben wir die Hypothekenbanken mit den von ihnen begebenen Pfandbriefen und Kommunalobligationen. Diese Gruppe hat für die privaten, aber auch für die institutionellen Anleger besondere Bedeutung, weil nur nach den strengen Regeln des Hypothekenbankgesetzes emittiert werden darf. Den Pfandbriefen stehen Hypothekendarlehen (siehe S. 31) gegenüber, den Kommunalobligationen Darlehen an die öffentliche Hand oder unter deren Mithaftung. Vereinfachend kann aufgrund dieser Merkmale gesagt werden, daß bei festverzinslichen Wertpapieren Risiken wie Chancen deutlich geringer sind als bei Aktien. Höher ist eigentlich immer die Rendite, wenn man von einigen wenigen Aktien absieht, die in Niedrigzinsperioden vorübergehend schon Dividendenrenditen gebracht haben, die dem Kapitalmarktzins nahekamen oder ihn überstiegen.

Investmentanteile

Auch hier haben wir eine sehr unterschiedlich zusammengesetzte Gruppe von Wertpapieren. Gemeinsames Merkmal: Der Anleger erwirbt einen Anteil an einem Fonds, dessen Mittel nach bestimmten, dem Publikum bekanntgegebenen Richtlinien, innerhalb derer und der für diese Gesellschaften geltenden gesetzlichen Regeln, jedoch nach dem Ermessen der Fondsverwaltung, angelegt werden. Es gibt Fonds, die nur in Aktien, solche, die nur in Festverzinslichen, Fonds die nur im Inland und andere, die nur im Ausland anlegen. Auch auf bestimmte Länder oder Branchen konzentrierte Fonds sind am Markt. Nach den im internationalen Vergleich sehr engen deutschen Vorschriften dürfen zur Zeit noch lediglich 5 % des jeweiligen Fondsvermögens in einem Papier investiert werden. Die Vorschrift dient der Sicherheit der Anleger, weil sie zur Risikostreuung zwingt, aber die Manager der Fonds klagen, daß sie deswegen schlechtere Ergebnisse (Performance) vorzeigen könnten als ihre weniger gegängelten Konkurrenten im Ausland.

Die Anlage in Investmentanteilen wird Ihnen Ihr Berater häufig dann empfehlen, wenn Sie noch wenig Erfahrung mit Wertpapieren haben, und auch, wenn Sie mit dem Sparbuch als einziger Anlageform nicht mehr zufrieden sind, Ihre Mittel aber nicht ausreichen, um durch direkte Anlage ein Depot mit der dringend anzuratenden Risikostreuung aufzubauen. Wir werden uns mit diesem Gedanken noch beschäftigen. Dem Grundsatz nach ist das ein guter Rat. Trotzdem, bohren Sie ein wenig nach. Ihr Banker wird Ihnen sicher die Anteile der Investmentgesellschaft empfehlen, an der seine Bank beteiligt ist. Das kann schon richtig sein, aber es werden regelmäßig Vergleichsziffern für alle wichtigen Investmentfonds veröffentlicht, die deren Performance für die letzten fünf oder zehn Jahre und auch für die jüngste Zeit zeigen. Ihr Berater hat diese Zahlen sicher in seiner Schublade. Sehen Sie zu, daß Sie Anteile eines Fonds mit über einen längeren Zeitraum überdurchschnittlichen Ergebnissen bekommen. Das müssen nicht immer die sein, an deren Absatz Ihre Bank das größte Interesse hat, weil Sie an der betreffenden Investmentgesellschaft beteiligt ist. Achten Sie darauf, daß der Ergebnisvergleich für einen zu kurzen Zeitraum, etwa für ein oder zwei Jahre, nicht immer aussagekräftig ist. Er kann durch Sonderfaktoren beeinflußt sein, wie etwa bei einem Auslandsfonds die Entwicklung der Wechselkurse.

Wir haben uns jetzt mit solchen Fonds befaßt, die ihre Mittel in Wertpapieren anlegen. Daneben werden am deutschen Markt auch Zertifikate von Fonds angeboten, die sich mit der Anlage in Grundvermögen befassen, vorwiegend in Bürogebäude, aber auch in Wohnhäuser. Alles vorher für die Wertpapierfonds Gesagte gilt im wesentlichen auch für sie. Auch die Gesellschaften, die diese Fonds verwalten, stehen jeweils im Eigentum einer oder mehrerer

Banken. Die Ergebnisse der verschiedenen Fonds sind ebenfalls durchaus nicht gleich gut. In der Wertentwicklung sowohl wie der Höhe der Ausschüttungen gibt es Unterschiede; sie haben mit der Qualität des Managements zu tun, worüber man am Bankschalter ruhig sprechen kann. Gemeinsames Merkmal der Grundstücksfonds ist es, daß ihre Wertentwicklung bis jetzt ungestört von dem Auf und Ab der Börse verläuft. Im großen und ganzen haben selbst Konjunkturschwankungen ziemlich geringen Einfluß darauf gehabt. Daß das immer so bleibt, dafür gibt es aber keine Gewähr. Trotzdem, nach allen bisherigen Erfahrungen ist eine Anlage in Grundstücksfonds für nicht spekulativ denkende, langfristig orientierte Anleger eine gute Sache.

Anleger und Investment

Wer Menschen, die Geld anlegen wollen, dabei beraten will, muß sich mit den verschiedensten Anlagemöglichkeiten auskennen. Will er zufriedene Kunden haben, so muß er dazu über ein gehöriges Maß an Menschenkenntnis und Einfühlungsvermögen in die besondere Situation des einzelnen verfügen. Eine Anlageberatung, die für alle Kunden gleich richtig wäre, gibt es nun einmal nicht. Sollten Sie das Gefühl haben, daß Ihr Anlageberater in der Bank nicht genug an Ihrer speziellen Situation interessiert ist, an den Erwartungen, die Sie mit Ihrer Anlage verknüpfen, aber auch daran, mit welcher – aggressiven oder mehr defensiven – Mentalität Sie an Ihre Geldanlage herangehen... Sollte es so sein, dann sind Sie an der falschen Adresse. Sie sollten einen anderen Berater haben. Das heißt nicht, daß Sie gleich die Bank wechseln müssen. In jeder Bank gibt es Berater unterschiedlichen Temperaments; sie eignen sich für unterschiedliche Kunden, und der Berater, bei dem ein vorsichtiger, auf Sicherheit und Rendite bedachter Kunde sich gut aufgehoben fühlt, mag dem aggressiven Spekulanten langweilig, verantwortungsscheu und inkompetent vorkommen.
Sie sehen schon: Wie Ihr Depot zusammengesetzt sein sollte, hängt auch von Ihrer Interessenlage und schließlich von Ihrem

Charakter, Ihrem Temperament ab. Alles zugleich, höchste Rendite, höchste Kurschancen und auch noch maximale Sicherheit, das kann Ihnen keine Anlage bieten. Überlegen Sie sich also, was Sie von Ihrer Geldanlage erwarten, vielleicht sogar erwarten müssen. Sonst kann es, ohne daß Sie es recht wahrnehmen, dahin kommen, daß die Zusammensetzung Ihres Depots weniger Ihre Interessen widerspiegelt als diejenigen Ihrer Bank. Wir werden später noch darauf zurückkommen, was das bedeuten kann. Hier nur so viel: Selbstverständlich braucht die Bank zufriedene Kunden, die sich gut bedient fühlen. Aber das ist nicht der einzige Gesichtspunkt, auf den Ihr Berater zu achten hat, wenn auch, nehmen wir es zugunsten Ihrer Bank an, der vorrangige.

Sehen wir uns nun ein paar Grundsätze an, auf die Sie achten sollten. Der erste und wichtigste ist, kein Geld in Wertpapiere zu stekken, das Sie unter irgendwelchen, auch nur einigermaßen denkbaren Umständen für laufende Ausgaben benötigen könnten. Denken Sie an die Urlaubsreise, an die Heizkostenrechnung, vielleicht sogar an die Ausstattung erwachsener Kinder. Alles, was eventuell für solche Ausgaben gebraucht wird, sollte nicht in Wertpapieren angelegt sein, sondern auf Sparkonten, allenfalls als Kredit verfügbar. Ob die Kurse gerade günstig sind, falls Sie wegen plötzlicher Ausgaben Teile Ihres Depots verkaufen müßten, kann Ihnen niemand garantieren. Auch wenn Ihnen die Kurse noch so verlockend zum Kauf erscheinen, nicht auf genügende Liquidität zu achten, ist ein typischer Anfängerfehler. »Billige Kurse und dumme Leute gibt es immer wieder«, ist eine Spruchweisheit der Börsianer.

Ein paar andere Grundsätze sollte man zwar kennen. Ob sie für Sie noch zeitgemäß und brauchbar sind, ist etwas anderes. Vor Jahrzehnten gab es die Faustregel, ein Vermögen solle zu je einem Drittel in Gold oder Grundstücken, in Aktien und in Festverzinslichen angelegt sein. Das würde Ihnen heute wohl kaum noch jemand raten, vor allem nicht, weil Voraussagen über die Entwicklung des Goldpreises inzwischen weitgehend zum Glücksspiel geworden sind. Und wie in Ihrem Depot das Verhältnis von Festverzinslichen zu Aktien sein sollte, hängt, wir sagten es schon, zum einen von Ihrem eigenen Temperament ab, weiter aber doch auch davon, inwieweit Sie auf laufende Erträge angewiesen sind. So wird jeder gute Berater es sich zum Beispiel zweimal überlegen, ob er einem Kunden, der sich dem Ruhestandsalter nähert, den Kauf von Aktien empfehlen soll. Denken Sie auch selbst daran. Nicht zu leugnen ist allerdings auch, daß viele Anleger einen gewissen Kitzel bei diesem Geschäft einfach haben wollen. Glauben Sie nicht, daß das nur die Reichen sind. Einem solchen Kunden im Interesse der Risikobegrenzung zu Festverzinslichen oder zu Investmentpapieren zu raten, ist kein dankbares Geschäft.

Nun aber ein Prinzip, das Sie bei der Zusammensetzung Ihres Depots unbedingt beachten sollten, auch wenn Ihr Berater nicht immer daran denkt, nämlich das der Streuung des Risikos. Vor allem beim Kauf von Aktien dürfen Sie, wie gut Ihnen auch ein Papier erscheinen mag, niemals nur auf ein Pferd setzen. Risikostreuung heißt nicht nur, nie nur Aktien einer Gesellschaft zu besitzen, sondern ebenso auch, die Anlagen auf verschiedene Branchen zu verteilen. Das ist ein in vielen Lagen wirksamer Schutz gegen Verluste. Bei der sehr großen Abhängigkeit der deutschen Wirtschaft vom Export sollten Sie auch nicht nur Aktien im Depot haben, die davon stark betroffen sind. Beim nächsten Sturz des Dollar könnten Sie es bereuen. Aber keine exportabhängigen Papiere zu haben, kann auch verkehrt sein. Erinnern Sie sich, in der Zeit des extrem hoch bewerteten Dollars haben sich viele deutsche Firmen, die Automobilproduzenten voran, im Export in die USA eine goldene Nase verdient. Auch dem kleinen Anleger, der mit geringen Mitteln erstmals ins Wertpapiergeschäft einsteigt, die Vorteile einer professionell überwachten Risikostreuung zu ermöglichen, war letzten Endes der Gedanke, der bei der Gründung der ersten Investmentgesellschaften Pate stand.

Ihre Bank und Ihr Wertpapierdepot

Die meisten Anleger lassen sich, wenn sie sich nicht selbst für sachkundig halten, bei ihren Käufen von ihrer Bank beraten. In der Regel finden Sie dort gut geschulte Fachleute, und deren Rat kostet nichts. Es gibt auch keinen Grund, den Rat der Bank nicht einzuholen und vielfach zu befolgen. Was Sie sich dabei aber vor Augen halten müssen, ist die eigene Interessenlage der Bank. Daß Ihr Berater gegen die Interessen seines Arbeitgebers handelt, können Sie nicht von ihm erwarten. Welche Ziele also verfolgt die Bank beim Aufbau ihres Wertpapiergeschäfts? Nun, weithin dekken sich deren Interessen mit den Ihren. Nur an zufriedenen Kunden kann die Bank auf die Dauer verdienen. Nur Kunden, deren bisherige Anlagen sich gelohnt haben, werden weitere tätigen. Einem Ratgeber, dessen Kompetenz sich bewährt hat, wird man auch weiter vertrauen. Und aus den Provisionen, die Sie beim Kauf und Verkauf von Wertpapieren bezahlen, kommt der größte Teil des von der Bank in dieser Sparte erzielten Ertrages; der Rest wird aus Depotgebühren erzielt. Trotzdem, unbeschadet des Bestrebens, Sie zufrieden zu stellen, also gut zu beraten, gibt es wahrscheinlich für Ihre Bank Präferenzen, denen entsprechend Ihr Berater Vorgaben erhält. Da ist zunächst, und meist an erster Stelle, bei Aktienbanken die Plazierung der eigenen Aktie. Für Banken gibt es bei den Ausleihungen Grenzen, die ihnen durch die Höhe ihres ausgewiesenen Eigenkapitals gesetzt sind. Gerade in Zeiten sich gut entwickelnden Geschäfts sind sie daher häufig zu Kapitalerhöhungen gezwungen. Deren Erfolg hängt davon ab, daß ein möglichst großer Teil des Aktienkapitals breit gestreut untergebracht wird.

Ob die Aktionäre bei einer Kapitalerhöhung mitziehen, hängt auch davon ab, wie sie beraten werden. Das hat man bei den in Depots im eigenen Haus liegenden Aktien im Griff, sonst aber nicht. Die meisten deutschen Bankaktien sind gute Papiere. Der Rat, sie zu kaufen, wird selten wirklich falsch sein. Es gibt aber, wie in jeder Branche, Unterschiede in der Qualität, die sich meist auch im Kurs ausdrücken, aber nicht immer. Bei dem Bestreben, die Papiere des eigenen Hauses bei der eigenen Depotkundschaft zu plazieren, wird in der Beratung mitunter der Gesichtspunkt der Risikostreuung außer acht gelassen.

Ein anderer Aspekt der Wertpapierberatung, bei dem die Interessen der Bank sich nicht immer mit den Ihren decken, ist der der Rücksicht auf das eigene Emissionsgeschäft. Das gilt selbstverständlich nur für die meist größeren Banken, die in dieser Sparte tätig sind. Sie werden beobachtet haben, daß seit Jahren, begünstigt durch so lange Zeit ansteigende Kurse, einen haussierenden Markt, zahlreiche mittlere Firmen in Aktiengesellschaften umgewandelt wurden und dann vielfach an die Börse gegangen sind. Das verläuft meist so: Es werden neue Aktien ausgegeben, und zwar stimmrechtslose, aber mit einer Vorzugsdividende (z. B. 1 % über derjenigen der Stammaktien) ausgestattete Vorzugsaktien. Während zumindest ein die Mehrheit der Stimmen in der Hauptversammlung gewährleistender Teil der Stammaktien in den Händen der bisherigen Eigentümer bleibt, werden die dafür nicht erforderlichen Stammaktien und die neuen Vorzugsaktien dem Publikum zum Kauf angeboten. Zwei Ziele werden damit erreicht: Zum einen verbreitern die Firmen ihre Kapitalbasis, was sie weniger krisenanfällig macht und häufig die Voraussetzung für eine weitere Expansion ist. Und zum anderen wird dieses Ziel erreicht, ohne daß die bisherigen Eigentümer die Herrschaft über das Unternehmen abgeben oder teilen müßten, trotz der geänderten Eigentumsverhältnisse.

Die Durchführung einer solchen Transaktion geschieht über ein Bankenkonsortium, das unter der Führung einer oder auch mehrerer Banken steht. Die Führung von Emissionskonsortien ist mit viel Arbeit verbunden, trotzdem hart umkämpft, weil sehr gewinn- und auch prestigeträchtig. Das ist der Grund dafür, daß vor allem die Führungsbanken ein erhebliches eigenes Interesse an dem Gelingen einer solchen Transaktion haben. Eingeschränkt gilt dies aber auch für die anderen Konsortialbanken, die ihre Plazierungskraft unter Beweis stellen und sich damit ihre Position in diesem und in zukünftigen Konsortien sichern wollen.

Was folgt daraus? Alle Konsortialmitglieder werden die größten Anstrengungen unternehmen, um mindestens ihre Konsortialquote an den auf den Markt gelangenden Aktien zu plazieren, und zwar möglichst breit gestreut. Soweit wäre nichts auszusetzen, aber nun kommt der Pferdefuß, den die Sache möglicherweise für Sie als Käufer solcher neu auf den Markt kommenden Aktien hat. Leider wird der Wettbewerb vor allem um die Führung der Konsortien in einer Vielzahl von Fällen von derjenigen Bank gewonnen, die der emittierenden Firma beziehungsweise deren bisherigen Eigentümern die günstigsten Konditionen bietet. Die günstigsten Konditionen, das heißt den höchsten Emissionskurs, denn die Gebühren der Konsortialbanken sind zwar hoch, aber im Vergleich mit dem Emissionskurs doch von zweitrangiger Bedeutung. Durch einen hohen Kurs der neuen Aktien kommt mehr Geld in die Kasse des Unternehmens; mit Hilfe eines hohen Kurses der auf den Markt kommenden alten Aktien aus dem Besitz der bisherigen Eigentümer aber machen diese Kasse, und wie schon gesagt, ohne ihre Unternehmerstellung aufzugeben.

Es ist zu bedauern, daß auf diese Weise eine ganze Reihe von Neuemissionen mit deutlich überhöhten Kursen an den Markt gekommen und von diesem auch aufgenommen worden ist. Diese Aussage wird nicht dadurch widerlegt, daß in nicht wenigen dieser Fälle ein Teil der ersten Käufer »eine schnelle Mark gemacht« hat, wie die Banker so schön sagen, weil sie nach einigen Tagen, wenn der erste Überschwang die Kurse in die Höhe getrieben hatte, mit Gewinn wieder verkauft haben. Gerade aber die Anleger, an denen den Banken als Käufer solcher Neuemissionen am meisten gelegen sein müßte, also die langfristig disponierenden, hatten dann das Nachsehen. Denn nach dem Abflauen der ersten Begeisterung fängt die Börse an, die neuen Papiere mit anderen zu vergleichen. Und was dann, wenn sich zeigt, daß sie nach den gängigen Beurteilungskriterien weniger günstig sind? Der Kurs sinkt.

Viele Käufer gerade von Neuemissionen sitzen heute auf Papieren, die sie am inneren Wert gemessen zu teuer gekauft haben. Es kann nicht verschwiegen werden, daß ihnen zu diesen Käufen in der

Regel von ihrer Bank geraten wurde, die ihrerseits ihre Konsortialquote plazieren wollte. Seien Sie also beim Kauf von Neuemissionen vorsichtig, lassen Sie sich die Zusammenhänge eingehend erläutern, insbesondere das Kurs-Gewinn-Verhältnis und auch die Frage, ob und in welchem Umfang sich die bisherigen Eigentümer von ihrem Besitz trennen. Die kennen das Unternehmen am besten! Und wenn diese Insider zum Preis X aussteigen, was könnte Sie dann zu dem selben Preis zum Einsteigen ermutigen? Unleugbar hat sich in den Jahren der andauernden Hausse, angeheizt durch rasche, oft spektakuläre Kursgewinne einiger neu eingeführter Papiere, auf diesem Gebiet bei den Banken, vielen Emittenten und auch bei einem Teil der Anleger eine Art Goldgräbermentalität gebildet, die für die weitere Entwicklung dieses volkswirtschaftlich so wichtigen Geschäftszweiges Anlaß zur Besorgnis gibt. Es sollten die Banken an ihren guten Namen und die Emittenten daran denken, daß der erste Gang an die Börse gerade bei positiver Entwicklung ihrer Unternehmen nicht der letzte sein kann. Von enttäuschten Aktionären werden sie bei der nächsten Kapitalerhöhung wohl kaum Geld bekommen. Damit wir uns nicht mißverstehen: Dies ist keine generelle Warnung vor dem Kauf neu an die Börse kommender Aktien. In einer Vielzahl von Fällen handelt es sich wirklich um sehr aussichtsreiche Unternehmen, an deren Erfolg beteiligt zu sein durchaus lohnend ist, aber nicht um jeden Preis. Kommt er Ihnen zu hoch vor, so denken Sie daran, was wir oben zitierten, »billige Kurse ...«. Also, sie können auch morgen noch kaufen, und wenn der Preis noch immer nicht stimmt, dann übermorgen.

Depotstimmrecht

Als Inhaber eines Wertpapierdepots, auch »Effektendepot« genannt, bekommen Sie in regelmäßigen Abständen ein Vollmachtsformular mit der Bitte um Unterzeichnung und Rückgabe zugesandt. Die Vollmacht enthält die Ermächtigung für die Bank, aus den in Ihrem Depot verwahrten Aktien das Stimmrecht für Sie wahrzunehmen oder wahrnehmen zu lassen. Jeweils vor den Hauptversammlungen erhalten Sie eine Mitteilung über deren Tagesordnung und darüber, ob Anträge von Aktionären vorliegen, die von denen der Verwaltung der Gesellschaft abweichen. Die Bank teilt Ihnen ergänzend hierzu mit, wie sie abzustimmen vor hat, falls sie von Ihnen keine entgegengesetzten Weisungen erhält. Solche abweichenden Weisungen können Sie jederzeit geben. Sie können auch ungeachtet der generell gegebenen Depotvollmacht die Hauptversammlungen besuchen und selbst abstimmen. Nur müssen Sie das Ihrer Bank rechtzeitig mitteilen. Schließlich ist es Ihr Recht, mit Ihrer Vertretung einen Dritten zu betrauen, beispielsweise eine Aktionärsvereinigung, aber natürlich auch Ihren Anwalt oder Steuerberater. Weil Hauptversammlungen an allen möglichen Orten stattfinden, wäre die Wahrung der Interessen der Aktionäre durch diese selbst aber meist viel zu umständlich, und so kommt es, daß in den Hauptversammlungen zumindest der Publikumsgesellschaften mit breit gestreutem Aktienkapital die Banken mit ihrem Depotstimmrecht das entscheidende Wort haben. Die Banken aber stehen mit den Gesellschaften, bei denen sie in größerem Umfang Depotstimmen zu vertreten haben, auch sonst in Geschäftsverbindung, die durch ihr Abstimmungsverhalten zu stören sie kein Interesse haben können. Was ist die Folge? In aller Regel wird Ihre Bank Ihnen mitteilen, sie habe die Absicht, bei der Abstimmung den Vorschlägen der Verwaltung zuzustimmen, falls sie von Ihnen nichts Gegenteiliges höre. Mißstände müssen fast immer bereits Gegenstand von Diskussionen in der Öffentlichkeit sein, damit eine Depotbank sich ihren Kunden gegenüber von der Verwaltung einer Aktiengesellschaft distanziert.

Ein unbefriedigender Zustand. Mit der »Aktionärsdemokratie« ist es nicht weit her. Daher auch die immer wieder auflebende Diskussion des Themas in der Presse, bei passender Gelegenheit auch durch den einen oder anderen Politiker. Wer sich an den Banken reibt, hat immer sein Publikum. Nur: Die Banken sind selbst mit der Situation gar nicht glücklich, gerade weil sie die immer wieder aufkommende Kritik in der Öffentlichkeit nicht brauchen können.

Woran es fehlt, sind wirklich praktikable Alternativen, und bisher haben die Kritiker, dies Buch eingeschlossen, keine bringen können. Würde man das Depotstimmrecht ersatzlos streichen, so würden nur noch Bruchteile des Kapitals in den Hauptversammlungen vertreten sein. Die Ergebnisse der Abstimmungen wären weitgehend von Zufällen abhängig. Jede anwesende Stimme bekäme ein überproportionales Gewicht. Gewinner wären die Besitzer größerer Aktienpakete, für die die eigene Teilnahme an den Hauptversammlungen sich lohnt, und die auch jetzt häufig selber kommen. Nur, jetzt sind sie bei den größeren Gesellschaften meist doch in der Minderheit. Bei einem Wegfall des Depotstimmrechts wären sie in den Hauptversammlungen unter sich. Von der »Aktionärsdemokratie« bliebe noch weniger übrig.

Viel ist es nicht, was Sie als einzelner Aktionär hier tun können, und rasche Änderungen sind schon gar nicht zu erwarten. Ganz machtlos sind Sie aber nicht. Was Sie als Bürger im Staat haben, das haben Sie als Aktionär in einer Aktiengesellschaft: Ihre Stimme. Auch wenn Sie sie durch Ihre Bank abgeben lassen, brauchen Sie das doch nicht gedankenlos zu tun. Dies ist bestimmt kein Aufruf zur Opposition aus Prinzip, und schließlich auf Kosten der Gesellschaften, an deren Wohlergehen Sie als Aktionär interessiert sind. Aber wie kommt es denn, daß es um die wirksame Beaufsichtigung der Vorstände deutscher Aktiengesellschaften so schlecht bestellt ist? Zumindest bei den großen Publikumsgesellschaften, die keinen Großaktionär mit beherrschendem Einfluß haben, ist es doch so, daß der Vorstand sich seinen Aufsichtsrat mehr oder weniger selbst aussucht, soweit es die Aktionärsvertreter betrifft. Um diesen Zustand zu zementieren, werden in etlichen dieser Gesellschaften mit einiger Nachhilfe von Banken nun auch noch Stimmrechtsbeschränkungen auf in der Regel 5 % eingeführt. Behaupteter Grund ist jeweils der Schutz vor unerwünschten Übernahmen (unfriendly take-over). Das Ergebnis ist aber die Verewigung des status quo, was oft gleichbedeutend mit Stagnation ist. Über dies alles wird meist nicht gesprochen, so lange die Gesellschaften Erfolg haben. Aber überall da, wo etwas daneben geht, oder auch da, wo Zerwürfnisse im obersten Management ganz offensichtlich die Arbeit behindern... Welche Antwort erhält die Öffentlichkeit in diesen Fällen, wenn nach der Rolle und der Verantwortung des Aufsichtsrats gefragt wird? Sie werden es schon hier und da beobachtet haben: Was da dann in den Hauptversammlungen herauskommt oder auch in Pressekonferenzen, ist in aller Regel kläglich, auch da, wo der Aufsichtsrat mit den bekanntesten Namen aus Industrie und Banken besetzt ist. Es ist ein offenes Geheimnis, daß gerade diese Prominenten, meist selbst Vorstandsmitglieder von Aktiengesellschaften, dazu Inhaber zahlreicher Aufsichtsratsmandate, schon auf Grund ihrer enormen Arbeitsbelastung gar nicht in der Lage sind, wirksame Kontrolle auszuüben, jedenfalls da nicht, wo es sich nicht um die Interessen ihrer eigenen Gesellschaft handelt. Und eigentlich erwartet das auch niemand von ihnen. Daß es bei den Aufsichtsratsmitgliedern der Arbeitnehmerseite, die doch de jure auch den Interessen des Unternehmens verpflichtet sind, nicht besser steht, weiß jedermann.

Das alles können Sie nicht ändern. Sie brauchen aber auch nicht dabei mitzuhelfen, daß es für alle Zeit so bleibt. Wenn also die nächste Benachrichtigung Ihrer Bank über eine bevorstehende Hauptversammlung kommt, und wenn darin steht, die Bank beabsichtige, mangels anderweitiger Weisungen für die Vorschläge der Verwaltung zu stimmen, dann werfen Sie diesen Brief nicht gleich in den Papierkorb. Interessieren Sie sich für etwas mehr als die Höhe des Dividendenvorschlags. Überlegen Sie, ob die zur Wahl in den Aufsichtsrat vorgeschlagenen Personen die Voraussetzungen, vor allem die Unabhängigkeit mitbringen, um Ihre Interessen wirksam wahrzunehmen, den Vorstand im eigentlichen Sinn des Wortes zu kontrollieren. Kommen Sie zu dem Ergebnis, daß das nicht so ist... Nun, dann brauchen Sie doch mit Ihrer Stimme nicht daran mitzuwirken, daß ein solcher Aufsichtsrat berufen wird. Schreiben Sie Ihrer Bank für diesen Tagesordnungspunkt Stimmenthaltung vor. Würden das mehr Aktionäre tun, könnte sich etwas bewegen, könnten unabhängige Aktionärsvertreter in größerer Zahl in die Aufsichtsräte gelangen.

Tun Sie aber doch eines nicht: Verfallen Sie nicht in das entgegengesetzte Extrem! Schließen Sie sich nicht Berufsopponenten an, die von Hauptversammlung zu Hauptversammlung ziehen und dort oft sachfremd argumentieren. Auch eine Opposition, die grundsätzlich auf höhere Dividenden drängt, liegt nicht in Ihrem Interesse. Wir sahen schon, nur eine mit Reserven gut gepolsterte Gesellschaft kann auch in schlechten Zeiten bestehen. Wie wichtig das auch für die Volkswirtschaft als Ganzes ist, hat leider der deutsche Steuergesetzgeber noch immer nicht zur Kenntnis genommen, obwohl es sich um eine Binsenwahrheit handelt.

Vermögensverwaltung

Wir sprachen oben davon, daß Ihre Bank die in Ihrem Depot verwahrten Wertpapiere »verwaltet«. Was dies nicht bedeutet, ist die Tätigkeit eines Vermögensverwalters, also desjenigen, der die Entscheidungen über Kauf und Verkauf trifft, die Anlagestrategie festlegt. Wenn Sie ein guter Kunde oder mit Ihrem Berater in der Bank gut genug bekannt sind, mag es durchaus sein, daß er Sie gelegentlich auf Chancen oder auch Risiken hinweist. Verpflichtet ist er nicht dazu. Er kann auch unmöglich immer die Bestände aller von ihm betreuten Kunden im Auge haben. Die Entscheidungen müssen Sie letzten Endes selbst treffen.
Es gibt aber noch eine andere Seite der Sache, und sehr viele Banken werden sich dessen immer mehr bewußt. Die Bundesrepublik ist ein reiches Land. Inzwischen hat als Folge einer nun schon Jahrzehnte anhaltenden, fast kontinuierlich günstigen Wirtschaftsentwicklung eine Ansammlung von Vermögen in privater Hand stattgefunden, noch dazu breit gestreut, wie dies in der deutschen Geschichte ohne Beispiel ist. Zum eigenen Häuschen sind inzwischen oft recht stattliche Geld- und Wertpapiervermögen, Goldbestände und eine ganze Reihe anderer Anlageformen gekommen. Wie sehr dieser Wohlstand jedoch vielfach die Sachkunde seiner Besitzer überfordert, wird schon daraus deutlich, daß ein so großer Teil davon auf dem guten alten Sparbuch liegt: sehr zum Nut-

zen der Banken, weniger dem der Eigentümer. Favorisiert wird die Anlageform, mit der bei uns die schlechtesten Erfahrungen gemacht wurden. Immer deutlicher wird, daß hier, auf dem Gebiet der Vermögensberatung- und Verwaltung, ein Markt sich öffnet, ein Bedarf schon vorhanden ist, der noch bei weitem nicht erschlossen wurde. Beinahe sprichwörtlich ist es, wie weit die Schweiz, ein Land mit altem Wohlstand, uns auf diesem Weg voraus ist. Aber allmählich merken es auch die deutschen Banken, aufgeschreckt dadurch, mit welcher Leichtigkeit andere, zum Teil wenig Berufene, sich ihren Teil an diesem Geschäft an Land ziehen konnten. Es gab natürlich immer schon einige Spezialbanken, meist Privatbankiers, die sich der Vermögensverwaltung widmeten, manche sogar als Schwerpunkt ihres Geschäfts. Sie konzentrierten sich aber im Interesse einer günstigen Kostenstruktur auf wirklich große Vermögen mit einer Untergrenze von selten unter einer Million DM. Das paßte so nicht recht zu der Geschäftsstruktur und vielleicht auch nicht dem Selbstverständnis der großen privaten Universalbanken, schon gar nicht derjenigen des öffentlich-rechtlichen und genossenschaftlichen Sektors.

Das ist Vergangenheit. Alle großen Banken befassen sich heute intensiv mit der Vermögensverwaltung, häufig nicht einmal auf Wertpapiervermögen beschränkt. Aus rechtlichen Gründen, aber auch um eine noch individuellere Bedienung des einzelnen Kunden zu gewährleisten, geschieht dies meist über Tochtergesellschaften, die jedoch in den Betrieb der jeweiligen Bank voll integriert sind. Auch hier gelten Untergrenzen, meist zwischen DM 250 000,– und DM 500 000,– liegend, aber wohl selten sehr strikt gehandhabt. Die Bedingungen dieser Vermögensverwaltungen sind individuell auszuhandeln, sowohl was die Aufgaben und Ziele der Verwaltung betrifft, wie auch hinsichtlich der Kosten.

Wenn Sie Ihr Wertpapiervermögen einer solchen Verwaltung übergeben, so wird man auch hier von Ihnen wissen wollen, in welchem Sinn Sie die Anlagen gehandhabt sehen wollen, ob mehr aggressiv, also mit höheren Risiken und Chancen, oder eher defensiv. Sie können weiter bestimmen, ob Sie vor Käufen und Verkäufen gefragt werden wollen, oder ob Sie der Verwaltungsgesellschaft freie Hand geben. Im letzteren Fall bekommen Sie in regelmäßigen Abständen einen Bericht und eine Abrechnung. Die Kosten sind nicht gering – Verhandlungssache, Richtsatz ca. 0,75 % p.a. des Wertes –, werden aber durch professionelles Management meist mehr als hereingebracht.

Die Frage, ob Sie Ihr Vermögen einer solchen Verwaltung anvertrauen sollen, ist nicht leicht zu beantworten. Man kann sagen, daß die Verwaltung jedenfalls bei den bedeutenderen Banken, bei den Spezialinstituten sowieso, professionell und gewissenhaft erfolgt, auch, daß überwiegend Ergebnisse erzielt werden, die zumindest günstiger liegen, als die Entwicklung der bekannten Indizes (z. B. FAZ oder Dow-Jones). Aber in Einzelfällen hat es doch auch schon böse Enttäuschungen gegeben. Am besten fragen Sie sich selbstkritisch, wieviel Sie von der Sache verstehen, in welchem Umfang Sie Zeit und Lust haben, sich mit Ihrem Wertpapierbesitz zu befassen, wieviel Zeit Sie auf die Lektüre des Wirtschaftsteils Ihrer Tageszeitung und am besten noch weiterer einschlägiger Publikationen verwenden wollen und können. Ist das alles nichts für Sie, dann könnte es einträglicher sein, Ihr Wertpapiervermögen einer qualifizierten Verwaltung anzuvertrauen.

Welcher aber? Wir sprachen davon, daß Ihr Berater in der Bank eben nicht nur dieses, sondern auch und nicht zuletzt Verkäufer ist. Das wird man von den Fachkräften in den Vermögensverwaltungen nicht sagen können. Hier steht im Vordergrund, daß der Ertrag der Verwaltung von der Wertentwicklung des verwalteten Vermögens abhängt, und davon doch auch der berufliche Erfolg jedes einzelnen Depotmanagers. Die Besorgnis einer zu einseitigen, teilweise auf die Interessen der Bank ausgerichteten Verwaltung brauchen Sie also wohl bei den Tochtergesellschaften der Banken nicht zu haben.

Es gibt auch von Banken unabhängige Vermögensverwaltungen, einige ganz hervorragende, aber auch eine Reihe von eher abenteuerlich agierenden. Lassen Sie sich bei der Auswahl einer solchen Verwaltung nicht zu sehr von guten Namen beeindrucken, die hier und da in Beiräten oder ähnlichen Gremien vorgezeigt werden. Daß jemand einmal Minister oder General war, muß nicht heißen, daß er auch etwas von Vermögensverwaltung versteht. Im Gegenteil: Gerade Leute, deren Integrität von niemandem bezweifelt wird, die aber von der Sache nichts verstehen, eignen sich als Aushängeschild für nicht so solide Unternehmungen besonders gut. Während die Verwaltungsgesellschaften der Banken und die Banken, die die Vermögensverwaltung im eigenen Haus betreiben, in aller Regel mit einer vom Wert des verwalteten Vermögens abhängigen jährlichen Gebühr zufrieden sind, ist dies bei einem Teil der unabhängigen Vermögensverwaltungen anders. Über die Grundgebühr hinaus verlangen sie eine Beteiligung am Gewinn, die zwischen 10 % und 20 % liegen kann. Ob dies noch seriös genannt werden kann, zumal von einer Beteiligung an etwaigen Verlusten nicht die Rede, und der Gewinn doch immer auch Folge günstiger Umstände an der Börse ist, das mag jeder selbst beurteilen. Noch einmal aber: Nicht bei allen unabhängigen Verwaltungen ist es so. Zusammenfassend wird man sagen können, daß Sie bei von Banken unabhängigen Vermögensverwaltungen mit Ihrem Wertpapierbesitz in guten, mitunter sogar in besonders guten Händen sein können, daß Sie sich hier aber vor Beginn einer Zusammenarbeit sorgfältig erkundigen, eventuell Referenzen einholen sollten. Bei den Verwaltungsgesellschaften der Banken wären sicher Zweifel an der Integrität in keinem Fall begründet, eher vielleicht im einen oder anderen Fall am doch auch erforderlichen Einfallsreichtum.

Anlagen im Ausland

Wir sprechen hier nur am Rande von Anlagen in ausländischen Werten. Ob es vorteilhaft ist, ausländische Aktien oder Schuldverschreibungen zu kaufen, und wenn ja, welche, das wechselt so schnell, daß es im Rahmen dieses Buches nicht zu behandeln ist. Genug, Sie daran zu erinnern, daß auch bei der besten Anlage neben deren eigentlicher Bonität und Rentabilität das Währungsrisiko zu beachten ist. Denken Sie an die spektakulären Schwankungen des Dollars. Wer da bei Kursständen von weit über DM 3,– auch noch so hoch verzinsliche Bonds gekauft hat, ist schlecht dran, und bei den Aktien ist es nicht besser. Bei den meisten anderen Währungen waren die Schwankungen nicht so stark. Aber um einem Anleger auf längere Zeit die Freude an seinem Investment zu verderben, haben sie in einer Reihe von Fällen auch gereicht. Eigentlich nur beim holländischen Gulden und dem österreichischen Schilling, deren Umrechnungsverhältnis zur Deutschen Mark seit vielen Jahren kaum noch schwankt, kann dieses Risiko wohl ganz vernachlässigt werden; bei den Ländern, die dem Europäischen Währungssystem angehören, hält es sich zumindest in Grenzen. Wer im Hinblick auf den seit Jahren starken Yen und die prosperierende Wirtschaft an eine Anlage in japanischen Aktien denkt, der möge doch hier ganz besonders nicht versäumen, nach der price-earning ratio zu fragen. In einer ganzen Reihe von Fällen wird er sich wundern.

Was uns hier noch beschäftigen soll, ist der Sinn oder Unsinn von Geld- und Vermögensanlagen bei ausländischen Banken. Seit jeher waren es die Schweizer Kreditinstitute, zu denen der wohlhabende Bundesbürger sein Geld und seine Wertpapiere brachte, und seit einer Reihe von Jahren sind die Luxemburger Banken in erfolgreichem Wettbewerb mit ihnen. Hier haben sich dank günstigerer Niederlassungsmöglichkeiten Tochtergesellschaften von Banken aus aller Welt etabliert, auch der meisten bedeutenderen deutschen Banken. Daß das österreichische Bankgeheimnis in Wirklichkeit noch weiter geht und besser geschützt ist als das dieser beiden Länder, ist weniger bekannt.

Und da sind wir schon beim wesentlichen Punkt. Es stimmt ja, daß die Schweizer Banken in der Vermögensverwaltung längere Erfahrung haben. Aber der eigentliche Grund der Anlage von Vermögen in diesen Ländern ist doch die Erwartung eines wirklich lükkenlos gewährleisteten Bankgeheimnisses. Im Falle der Schweiz sind da schon Enttäuschungen bekannt geworden. Die dortigen Behörden treten nach Kräften dem Eindruck entgegen, ihr Bankensystem sei ein Sammelbecken von Fluchtgeldern aus aller Welt, zum Teil solchen höchst anrüchiger Herkunft. Was Luxemburg betrifft, so muß wohl damit gerechnet werden, daß die immer weiter gehende Harmonisierung der Lebens- und Rechtsverhältnisse in der Europäischen Gemeinschaft schließlich auch vor den Luxemburger Banken nicht Halt machen wird, auch wenn das Großherzogtum an der Erhaltung des status quo ein Interesse hat. Im Augenblick allerdings bemühen sich die Luxemburger Töchter der deutschen Banken noch intensiv um deutsche Privatkundschaft als Anleger, und zwar mit Argumenten, bei denen der angenommene Zweck solcher Anlagen nicht direkt genannt, aber doch recht durchsichtig ist. Die Luxemburger Institute bieten auch Vermögensverwaltung an. Auch hier gibt es Mindestbeträge, meist etwas unter denjenigen in Deutschland liegend.

Kosten

Wer sich mit Wertpapiergeschäften befaßt, wird bald feststellen, daß da außer ihm selbst noch einige mitverdienen wollen. Der Staat kassiert die Börsenumsatzsteuer – Relikt aus einer Zeit, in der Börsengeschäfte insgesamt als eher anrüchig galten und die volkswirtschaftliche Bedeutung der Börse für die Kapitalversorgung der Wirtschaft nicht erkannt war. Fiskalisch gesehen ohne Bedeutung, ist sie trotz eigentlich von niemandem bestrittener Sinnlosigkeit der politischen Optik wegen wohl zu ewigem Bestand verurteilt, ein Hemmnis für den Markt. Dann die Gebühr des Börsenmaklers, auch Courtage genannt, ebenfalls ein Übel, im Gegensatz zur Börsenumsatzsteuer aber ein notwendiges. Schließlich wird der Makler gebraucht, und er will verdienen. Die Höhe dieser Gebühren ist in letzter Zeit verschiedentlich Gegenstand von Diskussionen gewesen, in der Öffentlichkeit und auch in den Börsenvorständen. Mit Ihrer Bank über diesen Kostenfaktor zu handeln, kann aber nichts bringen. Das ist etwas anders bei der Provision, die Ihre Bank Ihnen bei jedem Börsengeschäft berechnet. Wohl versteht es sich von selbst, daß die Bank diese Sparte so wenig wie irgendeine andere um Gotteslohn betreibt. Das heißt aber nicht, daß man über die Höhe nicht mit ihr reden könnte. Versuchen Sie es ruhig. Aber schätzen Sie ihre Verhandlungsposition als Kunde realistisch ein. Ob überhaupt und wenn ja, in welcher Höhe die Bank zum Nachgeben bereit sein wird, hängt auch hier wieder davon ab, wie sie insgesamt an der Geschäftsverbindung mit Ihnen verdient.

Banken

Bis in die sechziger Jahre hatte die Bundesrepublik ein sehr viel stärker gegliedertes Bankwesen als heute. Gegliedert nach Größe, Rechtsform, betriebenen Geschäftssparten und, diesen entsprechend, nach Zielgruppen. Es gab, wie heute, die großen privaten Aktienbanken. Sie widmeten sich dem Geschäft mit mittleren und großen Firmen und mit der wohlhabenderen Privatkundschaft. Selbstverständlich führten sie auch damals schon Gehalts- und Sparkonten, bedienten den Laden an der nächsten Ecke; aber eben nur, wenn es sich gerade so ergab. Den größten Teil dieses Geschäfts mit kleineren Firmen- und Privatkunden überließen sie schon deshalb anderen, weil ihr Filialnetz dafür viel zu dünn gewesen wäre. Wem? Nun, vor allem den öffentlich-rechtlichen Kreditinstituten; das waren damals fast nur die Sparkassen. Die heutigen Landesbanken bzw. ihre Vorgängerinstitute beschränkten sich überwiegend auf ihre Rolle als Girozentralen, als Sammelbecken für die dem Sparkassensektor zufließenden Spareinlagen, die im eigenen Hause wieder auszuleihen die meisten Sparkassen nicht in der Lage waren. Die Girozentralen übrigens auch nicht; sie refinanzierten in nicht geringem Umfang den Sektor der großen privaten Banken.

Das heißt natürlich nicht, daß es damals zwischen dem öffentlich-rechtlichen und dem privaten Sektor keine Konkurrenz gegeben hätte. Die Grenzen zwischen den von beiden Seiten angesprochenen Kundengruppen waren fließend. An kleineren Plätzen mögen sie auch damals schon mehr theoretisch gewesen sein. Aber dort waren eben die großen privaten Banken meist gar nicht vertreten. Damals wie heute spielte der Sektor der genossenschaftlichen Banken, also der Volks- und Raiffeisenbanken, eine beachtliche Rolle, und zwar vorwiegend bei Kundengruppen wie Handwerkern, kleineren Gewerbetreibenden und Landwirten. Hier gab es deutliche Überschneidungen, nämlich mit den Zielgruppen der Sparkassen. In beiden Gruppen waren die einzelnen Institute regional beschränkt, wie dem Grundsatz nach noch heute, und die Rolle der Zentralinstitute war auf beiden Seiten mit der heutigen gar nicht zu vergleichen. Eine überörtliche Konkurrenz unter den beiden Gruppen oder zwischen ihnen und den privaten Banken gab es so gut wie gar nicht.

So kam es, daß auch bei der Intensität, mit der die einzelnen Geschäftssparten betrieben wurden, erhebliche Unterschiede bestanden. Wer einen größeren Geschäftskredit oder eine wirklich qualifizierte Wertpapierberatung wollte, ging zu den privaten Banken, der Sparkunde, der Angestellte oder Beamte mit seinem Gehaltskonto zur Sparkasse und der Bauer oder Handwerker zur Genossenschaftsbank. Alles natürlich, wenn die Zweigstelle der »Konkurrenz« nicht gerade um die Ecke lag oder man mit deren Leiter befreundet war. »Konkurrenz« in Anführungszeichen. Denn dem Banker von heute müssen die damaligen Zustände als Idylle erscheinen.

Wie das mit Idyllen zu sein pflegt, sie war nicht von Dauer. Keine Seite wollte sich mehr mit der hergebrachten Rollenverteilung abfinden. Die großen privaten Banken beobachteten, daß die Privateinkommen breiter Schichten kontinuierlich wuchsen und daß dieser Zuwachs an privatem Geldvermögen vorwiegend in das Netz der Sparkassen floß, weil er so breit gestreut war, also überwiegend der traditionellen Sparkassenkundschaft zugute kam. Sie, die privaten Banken, mußten handeln, wenn sie nicht Marktanteile verlieren und für ihre Geldversorgung – die Passivseite der Bilanz, erinnern Sie sich? – noch mehr als bisher von der Sparkassenorganisation abhängig werden wollten. Sie begannen also mit ungeheurem Aufwand, das Bundesgebiet mit einem nun wirklich flächendeckenden Niederlassungsnetz zu überziehen und mit dessen Hilfe recht erfolgreich in den bisherigen Kundenkreis der Sparkassen einzubrechen. Ein Kraftakt umso mehr, als dies ja nicht etwa nur in Konkurrenz zu den Sparkassen zu geschehen hatte, sondern auch untereinander.

Für die Sparkassen, und insoweit ganz ähnlich die Genossenschaftsbanken, war es gerade umgekehrt. Ihre traditionelle Privatkundschaft wurde immer wohlhabender und war auf einmal mit dem etwas hausbackenen Service nicht mehr zufrieden, drohte zur privaten Konkurrenz abzuwandern. Und ihre bisherige Firmenkundschaft wuchs, die benötigten Kreditvolumina wuchsen mit, Auslandsgeschäfte und vieles andere kam hinzu, wofür sie, die Sparkassen, nicht gerüstet waren. Die Reaktion war ebenfalls umgekehrt als bei den privaten Banken: Was verstärkt wurde, war vor allem die zentrale Organisation. Aus den Girokassen wurden mächtige Geschäftsbanken, die überall da einspringen konnten, wo eine Sparkasse für die Bedürfnisse eines Kunden zu klein war. Die antiquierte, beamtenmäßige Personalstruktur wurde und wird allmählich modernisiert, an der Qualität des Service zielbewußt gearbeitet, zentral durch die Sparkassenverbände gesteuert. Und nicht zuletzt: Die vielfältigen Verbindungen mit der öffentlichen Hand auf allen Ebenen wurden systematisch nutzbar gemacht. Es ist ein offenes Geheimnis, daß das noch heute überaus konsequent und erfolgreich geschieht. Sehr viel mehr als die privaten Banken, die ihren Aktionären Erträge bieten müssen, konnten die Sparkassen den Wettbewerb mit diesen immer auch über die Konditionen austragen.

Fast ganz auf der Strecke blieben bei diesem Wettlauf die Privatbankiers. Weder konnten sie von der Kapitalseite her mithalten, noch verfügten sie über starke Zentralverbände, die mit Know-how hätten aushelfen können, wo das nicht verfügbar war. Die meisten dieser Firmen wurden von großen Banken gekauft. Die heute noch bestehen, sind ebenfalls meist ganz oder mehrheitlich in der Hand großer inländischer, oft auch ausländischer Banken, übrigens auch von Landesbanken. Nur einige wenige sehr starke Institute haben als echte Familienunternehmen überlebt.

Neben den großen Gruppen von Kreditinstituten gibt es noch eine Reihe von Banken, die so recht zu keiner davon gehören, auch wenn

sie dem einen oder anderen Bankenverband und Einlagensicherungsverband angehören. Gemeint sind Banken für bestimmte Berufsgruppen (Beispiel: Ärzte und Apotheker), für wirtschaftliche Interessengruppen (Beispiel: Haus- und Grundbesitzer), Banken mit kirchlichem (Beispiel: Liga) oder politischem (Beispiel: Öko-Bank) Hintergrund. Sie alle sollen hier unberücksichtigt bleiben, da ihre Rolle begrenzt ist.
Vor einigen Jahren noch wäre es, wenn auch mehr pro forma, notwendig gewesen, über die Gemeinwirtschaft als Idee eigener Art, auch im Kreditwesen, zu sprechen. Pro forma, weil die BfG nach bitteren Erfahrungen ihre Geschäftspolitik und wohl auch ihr Selbstverständnis schon längst vor dem äußeren Scheitern der gemeinwirtschaftlichen Unternehmensgruppe den großen privaten Banken weitgehend angepaßt hatte. Nicht behandelt werden sollen schließlich, weil nicht in den Zusammenhang gehörig, solche Banken, die überwiegend der Durchsetzung wirtschaftspolitischer Zielsetzungen der öffentlichen Hand dienen wie z. B. die Kreditanstalt für Wiederaufbau.

Öffentlich-rechtliche Banken

Unter diesem Begriff versteht man heute die Sparkassenorganisation, also die Sparkassen und ihre Zentralinstitute, die Landesbanken. Der Begriff »öffentlich-rechtlich« besagt, daß diese Institute nicht nach den Regeln des (privaten) Gesellschaftsrechts konstituiert, sondern Anstalten des öffentlichen Rechts sind. Nicht Aktionäre bestimmen ihre Existenz, sondern der Gesetzgeber, oder genauer gesagt, die parlamentarischen Volksvertretungen der die einzelnen Institute tragenden Gebietskörperschaften, mögen das nun Gemeinden, Gemeindeverbände, Länder oder der Bund sein. Das ist ein Unterschied auch zu denjenigen Unternehmen, die zwar, wie die großen Energieversorgungsunternehmen, ganz oder überwiegend in öffentlichem Besitz, aber privatrechtlich, meist also nach Aktienrecht gegründet und organisiert sind.

Nehmen wir die Sparkassen. Sie sind in kommunalem Besitz. Eigentümer, wenn man das – ungenau – so nennen will, ist eine Gemeinde oder auch ein zu diesem Zweck gegründeter Zweckverband von Gemeinden. Diese Kommunen sind in der Theorie Empfänger etwaiger Überschüsse, die aber in Wirklichkeit nicht ausgeschüttet, sondern angesammelt und zum kleinen Teil für Zwecke des Gemeinwohls verwendet werden, wie immer man diesen Begriff definieren will. Die Kehrseite ist, daß die Sparkassen sich de facto nicht mit dem Wunsch nach Kapitalerhöhungen an ihre Eigentümer wenden können, in deren Kassen dafür unter normalen Umständen kein Geld ist. Zusätzliches Kapital, wenn es wegen des Wachstums des Geschäfts gebraucht werden sollte, muß aus einbehaltenen Gewinnen kommen. Sie haben vielleicht verfolgt, daß die Frage, was bei den Sparkassen als Eigenkapital zu gelten hat, schon öfter Gegenstand von Diskussionen in der Öffentlichkeit gewesen ist. Die Sparkassen wollen erreichen, daß die Gewährträgerhaftung der Kommunen ihnen in irgendeiner Relation als Eigenkapital angerechnet und damit ihre weitere Expansion erleichtert wird. Die privaten Banken wehren sich dagegen mit dem nicht ganz unlogischen Argument, die Gewährträgerhaftung an sich sei schon ein durch die Entwicklung der Sparkassen zu Universalbanken überholtes Privileg. Seine Erweiterung durch Anrechnung auf die Eigenkapitalvorschriften sei eine eklatante Benachteiligung der privatrechtlich organisierten Mitbewerber und durch nichts gerechtfertigt.

Die Gewährträgerhaftung, sie ist nicht das einzige, aber sicher eines der wichtigsten Privilegien der öffentlich-rechtlichen Banken. Sie bedeutet nicht weniger, als daß der Steuerzahler der Gebietskörperschaft, der das betreffende Institut »gehört«, mit seinen Steuergeldern für dessen Verbindlichkeiten einzustehen hat. Denken Sie nicht, das sei Theorie! Zwei der größten deutschen Landesbanken bestünden nicht mehr, gäbe es diese Haftung nicht.

Nicht das einzige Privileg, sagten wir. Es kommen steuerliche Präferenzen hinzu und, sehr wichtig, das faktische Monopol im Schulsparen. Nicht zuletzt, auch darauf kamen wir schon, spielen

die personellen Verflechtungen mit den Kommunen eine gewichtige Rolle bei der Gewinnung und Erhaltung von Geschäftsverbindungen. Sie wissen ja, die Kommunen und die öffentliche Hand überhaupt sind in vielen Bereichen wichtige Auftraggeber... Ein öffentliches Geheimnis; wir brauchen es nicht zu vertiefen. Und wo kommen diese Privilegien her, irgendeinen Sinn müssen sie doch einmal gehabt haben? Nun, denken Sie an die lange Geschichte der Sparkassen als Banken des kleinen Mannes, was sie ja bis vor einigen Jahrzehnten wirklich waren. Es lag nahe, diese Institute, die nicht in erster Linie auf Gewinn und Wachstum ausgerichtet waren, mit gewissen Privilegien auszustatten, um ihre Existenz, ihre Kreditfähigkeit und damit das Geld der vielen kleinen Sparer zu sichern. Obwohl das alles Vergangenheit ist, wird sich an den Privilegien nichts ändern, niemand glaubt es im Ernst.
Dem Grundsatz nach betreiben die Sparkassen alle Bankgeschäfte. Sie können also, das sowieso, Ihr Giro- und Sparkonto dort führen, aber auch Wertpapiere kaufen. Wahrscheinlich wird der Berater bei der Sparkasse dazu neigen, Ihnen die Pfandbriefe und Schuldverschreibungen seiner Bankengruppe anzubieten, also einer Landesbank. Selbstverständlich vermittelt Ihre Sparkasse auch den Kauf jedes anderen börsengängigen Papiers. Die Qualität der Beratung im Wertpapiergeschäft, zumindest was den Aktienmarkt betrifft, dürfte bei kleineren Sparkassen hinter der von den privaten Banken gebotenen noch zurückliegen. Im Kreditgeschäft kann die Sparkasse auf Grund ihrer günstigen Refinanzierung durch Spareinlagen und auch wegen des fehlenden Zwangs, Dividenden zu erwirtschaften, häufig billiger anbieten als die private Bank nebenan.
Eine wichtige Besonderheit gibt es noch: Die kommunalen Sparkassen betreiben nicht nur das sogenannte kommerzielle Bankgeschäft, sondern auch das Hypothekengeschäft. Es sind also »gemischte Banken«, während dieser Typ bei den privaten Banken nur ausnahmsweise besteht. Dieses Hypothekengeschäft ist, anders als bei den privaten Hypothekenbanken, nicht mit Pfandbriefen, sondern mit Spareinlagen refinanziert. Für Sie als Kunde hat

das Vorteile insofern, als die Hypothek der Sparkasse im Vergleich mit derjenigen, die Ihnen eine private Hypothekenbank anbietet, etwas billiger sein wird. Die Sparkasse kann sich das ohne Einbuße bei ihrer Gewinnspanne leisten, eben auf Grund ihrer Refinanzierung, die mit dem Kapitalmarktzins nicht direkt zusammenhängt, der seinerseits immer erheblich über den Sparzinsen liegt. Wenn Sie in den Wirtschaftsteil Ihrer Tageszeitung schauen, können Sie es sehen.

Nun aber der Nachteil: Eben weil die Sparkasse ihre Hypotheken mit Spareinlagen refinanziert, deren Zinsen immer wieder der Marktlage folgend geändert werden, bleibt ihr nichts anderes übrig, als die Zusage »fester« Zinsen in ihren Hypothekenzusagen dergestalt zu relativieren, daß das so richtig feste Zinsen nicht mehr sind. Nicht so, daß die Hypothekenzinsen direkt an die Sparzinsen gebunden wären; nein, die Sparkasse behält sich nur vor, bei einer Veränderung der Sparzinsen mit dem Hypothekenzins nachzuziehen. Zur Ehre der Sparkassen sei gesagt, daß sie von diesem Vorbehalt bei steigenden Sparzinsen meist nur zögernd, wenn überhaupt, Gebrauch gemacht haben.

Dank weitgehend schon vollzogener und immer noch fortschreitender Anpassung an die veränderten Verhältnisse sind also die Sparkassen über ihre Rolle als »Bank des kleinen Mannes« längst hinausgewachsen, und dies, ohne deren Vorteile verloren zu haben. Vor allem den privaten Banken gegenüber sind sie eine mächtige Konkurrenz, die ihren Marktanteil mit Erfolg verteidigt und ausbaut. Inwieweit Sie sich als Kunde dort gut aufgehoben fühlen, wird von Art und Umfang Ihrer Bankgeschäfte abhängen, vielfach doch auch immer noch davon, welche Qualität des Service Sie beanspruchen und zu bezahlen bereit sind.

Den in der jetzigen Form jüngeren, innerhalb weniger Jahrzehnte aber zu großer Bedeutung gelangten Teil des öffentlich-rechtlichen Bankwesens bilden die Landesbanken. Im Gegensatz zu den öffentlich-rechtlichen Sparkassen, die ausschließlich kommunale Institute sind, sind hier die Länder einerseits, die jeweiligen Sparkassenverbände andererseits die Träger, denen auch die Gewährträ-

gerhaftung obliegt. Die Landesbanken, zumindest einige von ihnen, stehen heute in einer Reihe mit den größten privaten Geschäftsbanken. Wie die Sparkassen sind sie gemischte Institute. Anders jedoch als die Sparkassen – und diese insoweit ergänzend – sind sie auch im Auslands-, Emissions- und Börsengeschäft, im Geld- und Devisenhandel und in jeder anderen Sparte des kommerziellen Bankgeschäfts vollwertige Konkurrenten der privaten Banken. Selbst Filialen im Ausland werden unterhalten.
Ob man das alles noch als legitime Aufgaben der öffentlichen Hand betrachten will, braucht uns hier nicht zu beschäftigen. Vorteil der Landesbanken ist vor allem die günstige Refinanzierungsstruktur, der Rückhalt an dem gewaltigen Reservoir an Spareinlagen der vielen Sparkassen, die ihre oft sehr bedeutenden Liquiditätsüberschüsse dort anlegen. Als Kunde werden Sie es mit einer Landesbank wohl nur in Ausnahmefällen zu tun haben, meist dann, wenn von den Volumina oder vom Know-how her die Möglichkeiten einer Sparkasse erschöpft sind. Es ist die große Stärke des öffentlich-rechtlichen Bankensystems im Wettbewerb mit den Privaten, daß es dem Kunden nicht als eine Gruppe untereinander konkurrierender Institute gegenübertritt, sondern als einheitlicher Block.

Private Geschäftsbanken

Die privaten Großbanken, die Regionalbanken und die verbliebenen Privatbankiers sind gemeint. Die Unterschiede zwischen diesen Gruppen verwischen sich. Die Großbanken unterschieden sich, untereinander durch Volumen und auch den Stil verschieden, von den Regionalbanken dadurch, daß nur sie im ganzen Bundesgebiet mit Niederlassungen vertreten waren, wenn auch mit sehr ungleicher Dichte. Im Geschäftsvolumen reichte keine der Regionalbanken auch nur entfernt an sie heran. Das stimmt heute alles so nicht mehr. Die großen Regionalbanken, voran die beiden bayerischen, sind inzwischen an den meisten wichtigen Plätzen des

Bundesgebiets präsent, und teilweise weltweit mit einem Netz, das dem der Großbanken kaum oder gar nicht nachsteht. Auch zwischen dem Geschäftsvolumen einiger dieser Banken und demjenigen der kleinsten Großbank ist kaum noch ein Unterschied. Andererseits ist die größte deutsche Bank dabei, den Abstand zu allen anderen zu vergrößern, sowohl im Geschäftsvolumen als auch in der Ertragskraft. Die Privatbankiers schließlich sind als Gruppe selbständiger Familienunternehmen beinahe vom Markt verschwunden.

Die Großbanken und die großen Regionalbanken werden als Aktiengesellschaften betrieben. Es sind Publikumsgesellschaften, was bedeutet, daß das Aktienkapital breit gestreut und ein beherrschender Einfluß einzelner Aktionäre nicht gegeben ist. Die Folge ist, daß die Stellung der Vorstände überaus stark und Gewichtsverschiebungen zugunsten des Aufsichtsrats nur im Einzelfall von besonders starken Persönlichkeiten erreicht werden. Die Regel des Aktiengesetzes, wonach der Vorstand vom Aufsichtsrat und dieser von der Hauptversammlung bestimmt wird, hat hier nur noch formale Bedeutung. In Wirklichkeit ergänzen sich die Vorstände solcher Unternehmen durch Kooptation; wer im Aufsichtsrat als Aktionärsvertreter sitzt, wird weitgehend ebenfalls von den Vorständen bestimmt. Mag dieser Zustand unter dem Aspekt einer reinen Lehre auch unbefriedigend sein: Vom Standpunkt des Aktionärs gesehen, rechtfertigt ihn seit Jahrzehnten der Erfolg, und für den Bankkunden werden die Mängel in der Kontrolle durch die erbarmungslose Konkurrenz unter den Instituten und mit den anderen Bankengruppen mehr als ausgeglichen.

Vielen fällt im Zusammenhang mit den privaten Geschäftsbanken das Schlagwort von der »Macht der Banken« ein. In der Tat ist fast immer diese Gruppe gemeint, wenn davon die Rede ist, und in Wirklichkeit nicht einmal die Gruppe insgesamt, sondern nur deren bedeutendste Namen. Die Diskussion in der Öffentlichkeit wird dadurch nicht eben sachlicher, daß die Politiker und Journalisten, die sich ab und zu des Themas bemächtigen, kaum je deutlich sagen, wen sie meinen.

Einmal geht es, davon ist immer wieder die Rede, um den Beteiligungsbesitz einiger großer Banken. Nur selten handelt es sich um Mehrheitsbeteiligungen, und zwar schon deshalb, weil eine Mehrheitsbeteiligung die unternehmerische Verantwortung für das Unternehmen mit sich bringt. Im Falle einer Bank wird diese Verantwortung vom Markt beinahe als eine Art unbeschränkter Garantie betrachtet. Die meisten dieser Beteiligungen sind deshalb nicht freiwillig zustande gekommen, sondern wurden irgendwann im Zusammenhang mit einer Pleite erworben, um Schlimmeres zu verhüten: Verlust von Geld oder Verlust an gutem Namen. Für eine Bank ist beides gleich schädlich, und meist ist es auch um beides gegangen. Es kommt hinzu, daß eine Bank als Mehrheitsaktionär eines Unternehmens von dessen Konkurrenten oft nicht als unbefangen betrachtet wird: Gefährlich für das eigentliche Geschäft der Bank. Mehrheitsbeteiligungen von Banken sind inzwischen denn auch zur Ausnahme geworden; die Diskussion in der Öffentlichkeit hat hierzu bestimmt beigetragen. Ob das von den betroffenen Unternehmen, deren Mehrheitsbesitz inzwischen in andere Hände übergegangen ist, von deren Management, Arbeitnehmern und Kleinaktionären, immer begrüßt wird, ist eine andere Frage.

Auch eine Minderheitsbeteiligung kann dazu führen, daß ein solcher Aktionär eine wesentliche Rolle spielt. Dann nämlich, wenn es sich um einen größeren Anteil handelt und der übrige Aktienbesitz breit gestreut ist. Schon gegen einen Minderheitsaktionär mit 25 % geht in einer Gesellschaft gar nichts, es sei denn, jemand anders hätte eine klare Mehrheit. Solche Bankbeteiligungen gibt es nicht wenige. Sie reichen aus, um Anstöße zu geben und gelegentlich zu blockieren, oft um Personalentscheidungen zu beeinflussen. Für eine im eigentlichen Sinne unternehmerische Rolle reichen sie aber nicht, sind auch gerade nicht dafür bestimmt. Sie dienen meist als reine Finanzanlage, im übrigen auch dazu, die Hausbankstellung bei dem betreffenden Unternehmen zu festigen. Letzteres gelingt oft, aber durchaus nicht immer.

Es ist schon so, der Beteiligungsbesitz der Banken ist nur sehr begrenzt geeignet, deren »Macht« zu begründen. Das heißt nicht, daß es die nicht gäbe. Nur setzt sie sich aus anderen, viel schwerer greifbaren und daher auch entgegen manchen naiven Vorstellungen dem Zugriff des Gesetzgebers und der Bürokratie weitgehend unzugänglichen Elementen zusammen. Denken Sie nur an die enorme, eigentlich mit nichts anderem vergleichbare Masse an vertraulichen Informationen aus einer Vielzahl von Unternehmen durch alle Branchen hin, die sich jedenfalls in den großen Banken ansammelt, sei es durch die zahlreichen Aufsichtsratsmandate, sei es einfach aus der Masse der Kundenbeziehungen. Deshalb sind die Bankvorstände auch in den Aufsichtsräten immer wieder gern gesehen: als Ratgeber, nicht als Kontrolleure. Aber auch der Ratgeber hat Macht. Wem er diese Macht zugänglich machen will, sollte sich überlegen, wer nach Verstaatlichung der Banken ruft. Zu glauben, daß dadurch die Macht auch nur transparenter würde, wäre zu simpel gesehen.

Für Sie als Bankkunden ist die wichtigste Frage die, was denn nun die privaten Geschäftsbanken nach außen, im Verhältnis zu Ihnen, von anderen Institutsgruppen unterscheidet, was dafür oder vielleicht dagegen spricht, Ihre Bankgeschäfte bei einer solchen Bank abzuwickeln. Nun, die Antwort wird nach beiden Seiten, positiv wie negativ, dieselbe Begründung haben: Wie keine anderen sind gerade diese Banken darauf angewiesen, mit ihrer Existenz davon abhängig, daß gut gewirtschaftet, Gewinn erzielt wird. Wenn die Aktionäre unzufrieden werden, weil die Dividende zu niedrig, der Börsenkurs schlechter als bei anderen Papieren und die Bezugsrechte bei der Ausgabe junger Aktien nicht günstig genug sind, dann ist keine Kapitalerhöhung mehr möglich; ein Wachstum im Kreditgeschäft wäre blockiert und in anderen Sparten behindert. Und wenn, anders herum, die Kunden unzufrieden werden, weil sie glauben, nicht gut genug oder zu teuer bedient zu werden, dann gehen sie zur Konkurrenz. Diese Gratwanderung zwischen Aktionär und Kunden, zu bewältigen nur durch andauerndes Arbeiten an der Qualität des dem Kunden gemachten Angebots sowie der Effizienz der Arbeitsabläufe, ist so keiner der anderen Bankengruppen aufgegeben. Sie werden also bei den privaten Geschäftsbanken nur selten die günstigsten Preise erwarten dürfen. Die müssen Sie in der Regel bei Instituten suchen, die sich das eher leisten können. Umgekehrt, das Bemühen, jeden einzelnen Kunden mit anderen Mitteln als dem billigsten Preis, also mit der Qualität und Vielfalt des Gebotenen zu halten oder zu gewinnen, wird wohl doch hier am intensivsten sein müssen. Ob Ihnen als Kunde damit gedient ist, ob Sie mit der gebotenen Qualität etwas anfangen können, darauf wird die Antwort je nach Ihrer persönlichen Situation ausfallen. Nicht jeder hat etwas davon, daß seine Bank auch in New York, London und Tokio zu Hause, daß sie bei neuen Aktienemissionen häufig Konsortialmitglied oder sogar Führer, daß die Herstellung internationaler Kontakte Sache von ein paar Telefonaten ist. Größer schon wird die Zahl derjenigen sein, die bei dieser Bankengruppe die Beratung in Vermögensangelegenheiten der anderswo gebotenen nach wie vor vorziehen.

Sehen wir uns die Gebiete etwas näher an, auf denen die privaten Geschäftsbanken so eindeutig die führende Rolle innehaben. Da ist das Auslandsgeschäft, meist zusammen gesehen und mitunter auch organisatorisch vereint mit dem Außenhandelsgeschäft. Letzteres ist eigentlich Inlandsgeschäft, nämlich die Finanzierung von Export- bzw. Importgeschäften inländischer Kunden und die Durchführung der damit im Zusammenhang stehenden, meist ein hohes Maß an Fachkenntnis erfordernden Transaktionen. Das eigentliche Auslandsgeschäft ist dasjenige mit ausländischen Kunden. Der größte Teil davon wird über Filialen, Tochtergesellschaften oder Repräsentanzen im Ausland akquiriert und abgewickelt. Auch bei den größten Banken ist dieses Netz, gemessen an der Dichte des inländischen, ziemlich dünn, auf besonders wichtige Plätze beschränkt. Auch das dort arbeitende Personal ist meist nicht so zahlreich. Es wird daher, von wenigen Ausnahmen abgesehen, nur Großgeschäft betrieben. Wir sprachen schon davon, daß auch die Landesbanken dabei sind, in diese beiden Sparten, das Auslands- und das Außenhandelsgeschäft, einzudringen. Nach wie vor ist aber die führende Position der privaten Geschäftsbanken eindeutig, unter denen wiederum einige wenige die größten Anstrengungen unternommen haben und daher auch den größten Marktanteil auf sich konzentrieren.

Wenn man im Wertpapiergeschäft noch von einer führenden Stellung der privaten Banken spricht, so kann sich das nur auf den Handel in Aktien beziehen. Im Geschäft mit Festverzinslichen sind dagegen auch die Landesbanken als Emittenten eigener Schuldverschreibungen wie auch in Emissionskonsortien für in- und ausländische Emittenten auf Grund der enormen Plazierungskraft des Sparkassenapparats stark und durchaus gleichwertig im Geschäft. Das kann man bei Aktienemissionen nicht sagen. Die Konkurrenz um die führende Stellung (lead manager) bei Aktienemissionen findet noch immer ganz überwiegend unter den großen privaten Banken statt. Das gibt ihnen im Industriegeschäft wie gegenüber der Anlegerkundschaft noch immer eine sehr starke Position. Noch immer, aber von den öffentlich-rechtlichen Banken werden die größten Anstrengungen gemacht, auch im Wege weiterer Konzentration, um in diese Marktstellung der Privaten einzubrechen.

Alles in allem wird die Gruppe der privaten Geschäftsbanken große Anstrengungen unternehmen müssen, um ihren Marktanteil zu halten, von dem sie in den letzten Jahrzehnten an den öffentlich-rechtlichen, aber auch an den genossenschaftlichen Sektor wohl doch einiges verloren hat.

Ein Wort noch zu den Privatbankiers. Wir hörten schon, diese früher so bedeutende Gruppe ist sehr zusammengeschmolzen. Erste Ansätze hierzu kann man schon in der zweiten Hälfte des vorigen Jahrhunderts feststellen. Schon damals, in der sogenannten Gründerzeit, waren weitblickende Privatbankiers an der Gründung mehrerer noch heute bestehender großer Aktienbanken beteiligt. Das Wirtschaftswachstum ließ damals schon diesen relativ kleinen, zum Teil sehr alten und traditionsreichen Bankhäusern als Alternativen nur den Verkauf ihrer Firmen, Zusammenschluß zu größeren Einheiten oder aber die Ausnutzung von Marktnischen. Die gab es mehr als heute. Wir sahen ja, daß sowohl der öffentlich-rechtliche Sektor wie auch die großen Aktienbanken die Entwicklung zu echten Universalbanken erst in den letzten Jahrzehnten vollzogen haben. Bis dahin konnten Privatbankiers eine noch immer beachtliche Rolle im Emissionsgeschäft, im Wertpapiergeschäft mit vermögenderen Privatkunden, im Kreditgeschäft mit kleinen und mittleren Firmenkunden und auch in der Großhandelsfinanzierung spielen; bei letzterer deshalb, weil hier, wo mit wenig Kapital und bei kleinen Spannen oft sehr große Beträge umgesetzt werden, der individuelle Kontakt zwischen Bankier und Kunde, das gegenseitige Vertrauen, noch heute eine besondere Rolle spielt. Nur eben in der eigentlichen Industriefinanzierung, wo es darauf ankommt, für zum Teil sehr groß gewordene Kunden entsprechend große Kredite bereitzustellen, konnten schon seit Jahrzehnten die Privatbankiers nur noch am Rande mithalten.

Übrig geblieben ist eine verhältnismäßig kleine Zahl von Einzelfällen, bei denen die Gründe ganz unterschiedlich sind, aus denen das betreffende Bankhaus überlebt hat. Da sind einmal diejenigen, die nur noch dem Namen nach Privatbankiers sind. Gemeint sind solche Häuser, bei denen die Kapitalmehrheit oder das gesamte Kapital im Besitz einer der großen Aktienbanken ist. Auch Landesbanken haben solche Beteiligungen, und in anderen Fällen sind es ausländische Institute, die sich auf diese Art den Zugang zum deutschen Markt erschlossen haben. Die geschäftsführenden Gesellschaften solcher Bankhäuser sind dann oft nach innen nur die von dem Mehrheitsgesellschafter eingesetzten Geschäftsführer, manchmal sogar ohne eigenen Kapitalanteil. Wo solche Konstruktionen nicht nur die Vorstufe einer vollständigen Verschmelzung mit dem Mehrheitsgesellschafter sind, haben sie häufig den Zweck, Kundengruppen und Geschäftszweige zu erschließen, an die der Mehrheitsgesellschafter sonst nicht oder nicht so leicht herangekommen wäre, etwa in der Vermögensverwaltung. Es gibt dann einige andere Fälle, in denen die betreffende Privatbank nur Teil eines dahinter stehenden, in der Regel in großem Umfang auch haftenden Familienvermögens ist und ihre eigentliche Funktion in diesem Verband hat.

Ein anderes Beispiel ist eine ausschließlich in Familienbesitz befindliche und auch von Familienangehörigen geleitete Bank, die durch rechtzeitige Filialgründungen in einer bestimmten Region eine so starke Stellung hat, daß die veränderten Verhältnisse ihr bis jetzt nichts anhaben konnten. Und schließlich, noch immer, vor allem an der Küste einige Häuser, die in der Großhandelsfinanzierung aus den schon genannten Gründen manches können, wofür die Großen vielleicht zu bürokratisch organisiert sind.
Alles in allem eine bunte Palette, aber eben doch nur ein ziemlich kleiner Rest einer früher sehr wichtigen Gruppe.

Genossenschaftliche Banken

Diese Bankengruppe hat zwei Zweige, erklärbar aus der Geschichte ihrer Gründung im 19. Jahrhundert: Die Volksbanken und die Raiffeisenbanken, beide ursprünglich Selbsthilfeeinrichtungen von Gruppen, um deren spezielle Anliegen und Probleme sich niemand anders so recht kümmerte. Die Volksbanken waren auf Handwerk und Kleingewerbe, die Raiffeisenbanken in Zusammenarbeit mit den aus der gleichen Wurzel stammenden Raiffeisen-Verbänden ganz überwiegend auf bäuerliche Kundschaft ausgerichtet. Die einzelnen Genossenschaftsbanken sind, überwiegend zumindest, dieser Ausrichtung bis heute treu geblieben. Vieles ist aber auch hier in Bewegung gekommen; auch diese Institute wollen ihre wohlhabender werdende und, zumindest im Handwerk, oft zu größeren Einheiten sich zusammenschließende Kundschaft nicht verlieren. Ein Zentralinstitut, die DG-Bank, wurde geschaffen, die inzwischen ihren Part im Kreis der Großbanken spielt. Zwischen ihr und den einzelnen Genossenschaftsbanken bestehen (noch?) regionale Zentralinstitute, deren Rolle und Daseinsberechtigung innerhalb des Genossenschaftssektors zunehmend diskutiert wird. Bei den einzelnen Genossenschaftsbanken ist der Zug zur Konzentration im regionalen Rahmen schon deutlich spürbar. Der Sektor als Ganzes hat sich aber noch nicht in

dem Maß neu formiert, wie dies bei den Sparkassen schon deutlich sichtbar ist. Der Markt wird der Entwicklung Schub geben, aber auch die gewaltigen Kosten der modernen Banktechnik, der kein Kreditinstitut mehr ausweichen kann.
Wenn Sie heute als Kunde eine dieser Banken betreten, werden Sie weder im äußeren Habitus noch im Angebot wesentliche Unterschiede zu den anderen Bankengruppen bemerken. In der Zusammensetzung des Kundenkreises spielt die historische Herkunft der beiden genossenschaftlichen Bankengruppen noch immer eine Rolle. Genossenschaftliche Banken sind, obwohl die Grundidee aus Deutschland stammt, keine Spezialität der Bundesrepublik. Es gibt sie, vielfach sogar unter ähnlichem Namen, auch in einer Reihe anderer europäischer Länder.

Hypothekenbanken

Die Aufgaben dieser Banken haben wir schon oben bei der Besprechung der Grundstücksfinanzierungen gestreift. Sie befassen sich bei der Hereinnahme von Geldern wie auch bei der Ausleihung mit langfristigen Geschäften, und dies nach strengen gesetzlichen Regeln. Das Hypothekenbankgesetz, zu Beginn dieses Jahrhunderts in Kraft getreten, ging davon aus, daß Hypothekenbanken selbständige, eben auf ihre Geschäftssparte beschränkte Institute sein sollten. Die Stellung einer gemischten Bank, also einer, die sowohl als Geschäfts- wie als Hypothekenbank tätig ist, gestattete es nur den Instituten, die schon vor Inkrafttreten in dieser Weise arbeiteten. Von den damals bestehenden gemischten Banken haben heute nur noch die beiden bayerischen Bedeutung, diese allerdings in beiden Tätigkeitsfeldern sehr große. Die Entwicklung ist aber ganz anders verlaufen, als die Väter des Hypothekenbankgesetzes sich das vorgestellt hatten.
Heute befinden sich nahezu alle Hypothekenbanken im Mehrheitsbesitz von Geschäftsbanken. Umgekehrt halten wohl alle größeren Geschäftsbanken namhafte, wenn nicht maßgebliche Beteili-

gungen an Hypothekenbanken, in einigen Fällen selbst an mehreren. Eine fast zwangsläufige Entwicklung: Das Hypothekenbankgeschäft arbeitet mit minimalen Ertragsspannen; ein Niederlassungsnetz wie das aller größeren privaten Banken oder auch des öffentlich-rechtlichen Sektors ist daraus nicht zu finanzieren. Seit jeher bedurften daher die Hypothekenbanken für den Absatz ihrer Pfandbriefe und zur Akquisition ihres Darlehensgeschäfts der Zusammenarbeit mit Geschäftsbanken. Diese waren meist die ersten Ansprechpartner der Kundschaft, die eine Grundstücksfinanzierung suchte. Sie konnten dann aber jeweils nur als Vermittler auftreten. Oft waren und sind sie auch diejenigen, die die nachrangige, also den für eine Hypothekenbeleihung zulässigen Beleihungsrahmen überschreitende Finanzierung bereitzustellen haben und damit das größere Risiko tragen, eine auf die Dauer unbefriedigende Rolle. Das alles waren Probleme, die die öffentlich-rechtlichen Banken nicht hatten. So kam es, daß aus Kooperationen Kapitalverflechtungen wurden.

Das Geschäft der Hypothekenbanken besteht bei der Hereinnahme wie bei der Ausleihung von Geld aus dem eigentlichen Hypothekengeschäft und dem meist weniger bekannten Kommunalgeschäft. Beginnen wir bei der Passivseite der Bilanz. Sie können über die Börse oder auch direkt bei Ihrer Bank Pfandbriefe kaufen. Tun Sie das, so darf die Hypothekenbank Ihr Geld im Gegensatz zu einer Geschäftsbank nicht in irgendwelche Ausleihungen stekken, sie muß vielmehr den Gegenwart in hypothekarisch, also innerhalb festgelegter Wertgrenzen durch Grundpfandrechte gesicherten Darlehen anlegen. Kann sie das nicht, weil die Nachfrage nach solchen Darlehen fehlt, so wird sie den Verkauf ihrer Pfandbriefe entweder einstellen oder deren Zinsen niedriger setzen. Finden sich trotzdem Käufer, so ist der niedrigere Pfandbriefzins marktgerecht. Dann kann die Hypothekenbank billiger ausleihen, womit die Nachfrage wieder stimuliert wird. Sie sehen aber, zwischen dem Pfandbriefabsatz und den Ausleihungen muß immer ein annäherndes Gleichgewicht gehalten werden.

Dem Grundsatz nach ist es mit dem sogenannten Kommunalgeschäft nicht viel anders. »Kommunalgeschäft« ist eigentlich insofern irreführend, als es sich nicht etwa um ein Darlehensgeschäft nur mit Kommunen handelt, sondern mit der öffentlichen Hand schlechthin. Schuldner (gelegentlich statt dessen auch Garanten) von Kommunaldarlehen können also auch andere Gebietskörperschaften sein, wie etwa Länder und Bund, aber auch sonstige Körperschaften und Anstalten des öffentlichen Rechts. Sie alle bauen, und sie alle finanzieren ihre Bauten nicht immer aus Haushaltsmitteln, sondern gelegentlich durch Aufnahme von Darlehen. In welchem Umfang das geschehen darf, ist eine politische Frage; diejenige, auf welchen Zeitraum und damit auf welche Generationen die Lasten für die Amortisation von Investitionen der öffentlichen Hand verteilt werden.

Die Hypothekenbank also begibt außer ihren zur Refinanzierung des Hypothekengeschäfts bestimmten Pfandbriefen zur Refinanzierung des Kommunaldarlehensgeschäfts, und zwar wiederum ausschließlich hierfür, bestimmte Kommunalschuldverschreibungen, auch Kommunalobligationen (KO) genannt. Diese Papiere können Sie über die Börse kaufen, und auch hier gibt es eine strenge Zweckbindung, die wie bei den Pfandbriefen von einem staatlich bestellten Treuhänder kontrolliert wird. Anders als beim mit Privaten und Firmen betriebenen Hypothekengeschäft wird jedoch für die Ausleihungen keine Sicherheit bestellt. Die öffentliche Hand könne nicht zahlungsunfähig werden, hat der Gesetzgeber des Hypothekenbankgesetzes gemeint, und es stimmt: Sie hat andere Methoden, um sich zu entschulden, wenn es nicht mehr anders geht.

Fast wären wir in die Politik abgeschweift... Nun, das Hypothekenbankwesen ist eine deutsche Spezialität, eine, mit der der Gesetzgeber der Jahrhundertwende sich noch immer durchaus sehen lassen kann. Das setzt allerdings etwas voraus, woran es bekanntlich – wir schweifen schon wieder ab – seither hin und wieder gefehlt hat: einen einigermaßen stabilen Geldwert. Unter dieser Prämisse ist der Pfandbrief ein Instrument, das dem Sparer, und eben auch dem kleinsten Sparer, eine zinsgünstigere und denkbar sichere Alternative zum Sparbuch bietet. Und die Fungibilität des Pfandbriefs, also die Möglichkeit, ihn über die Börse zu verkaufen, mildert das Risiko, das in der langfristigen Bindung der Mittel liegt. Aber nicht nur der kleine Sparer, auch Kapitalsammelstellen wie Versicherungen und Pensionskassen finden hier eine allen Sicherheitserfordernissen entsprechende Anlage für einen Teil ihrer Mittel. Auf der Seite der Darlehensnehmer ist der Vorteil des Systems ebenfalls evident. Es stehen Mittel zu tragbaren und vor allem langfristig kalkulierbaren Sätzen zur Verfügung. Aber man kann es nicht oft genug wiederholen: Je größer das Vertrauen des Anlegers in die Stabilität des Geldwerts ist, desto längerfristiger wird er bereit sein, seine Ersparnisse zu binden, zu binden eben auch hinsichtlich des Zinssatzes. Und umgekehrt!

Konkurrenz unter den Banken

Die Bundesrepublik gilt als »overbanked«. Das heißt natürlich nicht, daß es hierzulande zu viele Banken gäbe. Wer wollte schon von sich behaupten, er wisse, welches die »richtige« Zahl von Banken für ein Land sei. Aber wer einmal bei einer Auslandsreise darauf achtet, der wird feststellen, daß die Zahl der Bankstellen wohl nirgends so groß ist wie bei uns, wo wir schon fast in jeder Seitenstraße wenigstens eine finden. Und keine noch so kleine Kleinstadt, wo nicht neben der örtlichen Sparkasse und mindestens einer Bank des genossenschaftlichen Sektors auch fast alle großen Geschäftsbanken vertreten sind. Eine Bankstelle auf 1 400 Einwohner haben wir in der Bundesrepublik im Durchschnitt. Zum Vergleich: In Belgien ist die entsprechende Zahl 2 350, in Italien 4 890, in den USA 5 000. Das ist die Folge des Bestrebens jeder einzelnen Bank, alle Kundengruppen vom kleinsten Privatkunden bis zur größten Firma zu bedienen. Marktanteile, darum ging es in der Zeit der großen Zweigstellenexpansion. Heute fängt man allmählich an, den Rechenstift zur Hand zu nehmen und nachzurechnen, welche dieser unzähligen Zweigstellen einigermaßen rentabel sind und vermutlich bleiben werden.

Dabei spielt neben der Bindung der investierten Mittel und deren Verzinsung auch mehr und mehr die Frage eine Rolle, wo das qualifizierte Personal am produktivsten einzusetzen ist. Banken sind trotz aller technischen Verbesserungen sehr personalintensiv, und es ist nicht zu erwarten, daß sich das ändert. Aber nicht nur das, der prozentuale Anteil von qualifiziertem Personal ist sehr hoch und wird sich als Folge des Wettlaufs um noch den letzten Kunden weiter steigern. Schließlich erwarten Sie in jeder Bankzweigstelle nicht nur freundlichen, sondern auch sachkundigen Service. Und der kostet! Daher der Rechenstift; für die Zukunft ist eine gewisse Schrumpfung des Zweigstellennetzes zu erwarten. Das wird nicht so weit gehen, daß die großen Banken sich aus den kleineren Plätzen wieder zurückziehen. Keine Bankengruppe wird den geltend gemachten Anspruch aufgeben, flächendeckend präsent zu sein und alle Kundengruppen gleichermaßen anzusprechen. Aber die Bankzweigstelle in dem Lokal des untergegangenen Tante-Emma-Ladens in jeder Vorstadtstraße, das wird nicht durchzuhalten sein. Es ist noch nicht zu übersehen, welche Folgen der harte Wettbewerb im Kreditgewerbe in Zukunft haben wird. Heute schon im Gange sind weitere Konzentrationsbestrebungen sowohl im öffentlich-rechtlichen wie im genossenschaftlichen Sektor. Die kleineren Institute können, wie gesagt, die teure Technik nicht bezahlen und Personal der heute unerläßlichen Qualifikation nicht leicht bekommen; manchmal, mag sein, auch nicht auslasten, wenn sie es denn bekommen sollten. Auf der Ebene der Landesbanken bahnen sich Fusionen an. Bei den privaten Geschäftsbanken scheinen zumindest die fünf größten, jede von ihnen Spitze eines Konzerns, ihre Selbständigkeit bewahren zu wollen. Sie jedenfalls dürften dem Wettbewerb auf dem bevorstehenden europäischen Binnenmarkt durchaus gewachsen sein. Die Vorbereitungen dafür sind überall im Gange. Ausgetragen wird der Wettbewerb heute nicht nur im Umgang mit Ihnen, dem Kunden, sondern zu einem ganz wesentlichen Teil in den Organisationsabteilungen der Banken. Die schlagkräftigste, rationellste, mit der optimalen Arbeitsproduktivität ausgestattete Organisation ist im Zeitalter von Personalkosten in Höhe eines Vielfachen der ausgeschütteten Dividenden ein entscheidender Wettbewerbsvorteil. Bei einer Reihe deutscher Banken gibt es da noch Verbesserungsmöglichkeiten, sowohl bei den Arbeitsabläufen wie hinsichtlich der Aufbauorganisation. Hochkonjunktur für die großen, mit der Organisation von Banken vertrauten Unternehmensberatungen. In vielen Banken gehen sie ein und aus.

Organisation von Banken

Schauen wir einiges von dem an, was dabei herausgekommen ist. Es braucht Sie nicht zu beschäftigen, wo in Ihrer Bank die Schecks abgerechnet werden; daß der Grad der Arbeitseffizienz auch bei den ganz Großen noch immer unterschiedlich ist, weiß jeder, der mit mehreren von ihnen zu tun hat. Aber wer worüber entscheidet, an wen Sie sich mit welchen Wünschen wenden können, und wen der dann wieder fragen muß, das mag doch von Bedeutung für Sie sein. Sicher, das ist nicht überall gleich. Aber die Entwicklung der letzten Jahrzehnte hat, auch als Folge der Einschaltung immer wieder derselben Berater, zu bestimmten Grundmustern geführt, die Sie bei einer Vielzahl von Geschäftsbanken wiederfinden werden, gleich zu welcher Gruppe sie gehören.

Die meisten größeren Banken sind von der früher üblichen Spartenorganisation zur Kundengruppenorganisation oder »Kundenorientierten Organisation« übergegangen. Was ist gemeint?

Spartenorganisation nennt man es, wenn es für jede Geschäftssparte, sei es das Kreditgeschäft, das Wertpapiergeschäft, das Einlagengeschäft oder was immer, Spezialisten in einer für diese bestimmten Abteilung gibt, und wenn der Kunde, der Geschäfte in dieser Sparte tätigen will, sich an diese Spezialisten zu wenden hat. Und umgekehrt, einem größeren Kunden mit umfangreicheren Geschäften kann es geschehen, innerhalb weniger Tage aus ein und derselben Bank von einem halben Dutzend verschiedener Abteilungen mit Angeboten angesprochen zu werden. Aber das System

hat auch Vorteile: Der Kunde spricht immer mit jemandem, der wirklich zu Hause ist auf dem Gebiet, um das es gerade geht.
Die »kundenorientierte Organisation« ist komplizierter. Hier werden die Fachabteilungen nicht aufgelöst, verwandeln sich aber in Stabsabteilungen, die den eigentlichen Kundenberatern helfend, beratend und auch kontrollierend zur Seite stehen. Diese Kundenberater sind in zwei große Abteilungen geteilt, diejenige für Privatkunden und die für Firmenkunden. Nun hat jeder Kunde, sei er Privatkunde oder Firmenkunde, innerhalb dieser beiden Abteilungen einen Betreuer oder jedenfalls Ansprechpartner, der umfassend für ihn zuständig ist, um was für Geschäfte es sich auch handeln mag. Erst wenn der Betreuer nicht mehr weiter weiß, hat er die Fachabteilung, im Organisatorendeutsch auch Produktabteilung genannt, hinzuzuziehen. Ihr Betreuer kann unmöglich Fachmann für alles sein. Eines aber muß er können, denn das ist der Zweck dieser Organisationsform: verkaufen. Das sollten Sie nicht vergessen. Danach wird er beurteilt.
In einer nach diesem Prinzip organisierten Bank finden Sie in jeder Filiale, in den den Filialen meist übergeordneten Kopffilialen oder Regionalbereichen und schließlich in der Zentrale die Aufteilung in Fachabteilungen und, dem Kunden zugewandt, die Abteilungen für Privatkunden und Firmenkunden. Das System ist, wie gesagt, ganz auf Verkauf angelegt, hat aber auch seine Schwächen.
Werfen wir zunächst einen Blick auf die Vorteile für den Kunden. Der wichtigste ist wohl, daß jeder Kunde bei jedem Problem, das er mit der Bank hat, genau weiß, an wen er sich wenden kann. Und das ist, so soll es wenigstens sein, jemand, der ihn, den Kunden, und seine Verhältnisse kennt, dem er also nicht jedesmal alles aufs Neue erläutern muß. Das System läßt dem Grundsatz nach offen, wer im Einzelfall Betreuer eines bestimmten Kunden wird. Das kann ein Sachbearbeiter aus der Abteilung Privat- oder Firmenkunden, der Leiter einer solchen Abteilung, aber auch ein Filialleiter, Bereichsleiter, in Ausnahmefällen selbst ein Vorstandsmitglied der betreffenden Bank sein. Die Bedeutung, die der einzelne Kunde für die Bank hat, ist dafür meistens maßgeblich, mitunter

aber auch, wer von allen es mit einem bestimmten Kunden am besten kann. Auch bei ganz großen Kunden kommt es vor, daß das in der Hierarchie der Bank derjenige mit dem kleinsten Gehalt ist. Lassen Sie als Kunde sich hier nicht von Prestigeüberlegungen leiten! Ob es für Sie immer nützlich ist, von jemandem betreut zu werden, der in der Hierarchie der Bank hoch oben steht, ist sehr die Frage. Bei Detailproblemen kann das zur Folge haben, daß Sie niemanden finden, der sich wirklich der Sache annimmt. Und wenn Sie ein Kreditkunde sind: Wird der Sachbearbeiter große Lust haben, Verantwortung zu übernehmen bei einem Kreditengagement, für das eigentlich sein Vorgesetzter zuständig ist? Das heißt nicht, daß es nicht vernünftig wäre, auch die Vorgesetzten Ihres eigentlichen Betreuers bis hinauf in die Zentrale Ihrer Bank zu kennen. Ganz im Gegenteil, das kann nur nützlich sein, zumindest bei Bankverbindungen größeren Umfangs. Aber bedenken Sie: Jemand, den Sie übergehen, läßt es Sie vielleicht eines Tages spüren. Und die obersten Instanzen entscheiden meist nicht gern, ohne wenigstens eine Stellungnahme der näher am Kunden befindlichen unteren einzuholen.

Wir sprachen davon, die »kundenorientierte Bankorganisation« hat auch ihre Schwächen. Von den internen Reibungen zwischen den Fach- und Kundenabteilungen werden Sie hoffentlich nichts bemerken. Daß es sie gibt, ist beinahe einprogrammiert, und dem Nutzen der Bank dienen sie sicher nicht. Was Sie aber mehr betrifft, ist die Frage, ob Ihr Gesprächspartner in der Bank immer derjenige ist, der am besten Bescheid weiß über Ihr jeweiliges Anliegen. Ihr Betreuer kann das unmöglich für jedes Problem sein, und sei er noch so fachkundig und guten Willens. Niemand ist imstande, mit dem gleichen Maß an Kompetenz alle in einer Bankverbindung vorkommenden Fragen zu behandeln. Sie können von niemandem erwarten, daß er seine Grenzen wirklich kennt und offenlegt, auch von Ihrem Betreuer in der Bank nicht. Da müssen Sie schon selbst etwas nachbohren, um bei komplizierteren Problemen von dem in der Bank vorhandenen Know-how in vollem Umfang Gebrauch machen zu können.

In der ersten Hälfte der siebziger Jahre hat sich in den Schalterhallen der Kreditinstitute sehr vieles geändert. Bis dahin gab es den Kundenraum, der durch die Schaltertheke von dem Raum abgetrennt war, wo die Bankangestellten arbeiteten. An der Schnittstelle spielte sich alles ab, was nicht in Gesprächen in den Fachabteilungen erledigt wurde, der größte Teil des Privatkundengeschäfts also. Wertpapierkäufe, Überweisungen, Scheckeinreichungen, manchmal selbst die Entgegennahme kleinerer Kreditgesuche wurden so behandelt, während der nächste Kunde schon wartend dahinter stand.

Im Zuge der Entdeckung des Privatkunden auch durch die großen Banken wurde dann die Trennung von Service und Beratung durchgeführt, und zwar auch räumlich. An der Theke, die nicht mehr den ganzen Raum trennt, gibt es jetzt nur noch den sogenannten Schnellservice, also einfachere Vorgänge wie die Einreichung von Schecks und Überweisungen, Ein- und Auszahlungen. Daneben entstanden die sogenannten Beratungsgruppen, wo sich Berater und Kunden an Schreibtischen gegenübersitzen. Für den Kunden, der in Ruhe und mit der erforderlichen Diskretion über sein Problem sprechen will, ohne Zweifel eine Verbesserung. In kleineren Zweigstellen der Banken kann man allerdings beobachten, daß schon wegen der geringen Zahl des Personals die Trennung von Service und Beratung eher theoretisch wirkt, ohne daß der Kunde dort weniger gut betreut würde. Viele gut qualifizierte und aktive Bankangestellte arbeiten nämlich lieber in solchen kleinen Zweigstellen, als in der Anonymität der großen Schalterhallen.

Bevor wir das Thema der Bankorganisation verlassen, noch ein Wort zur Verteilung der Kreditkompetenzen. Das ist Bankjargon für die Grenze, bis zu der wer auch immer in einer Bank einem Kunden Kredit einräumen darf, ohne vorher jemand anderen zu fragen. Es hat keinen Zweck, hier genaue Zahlen zu nennen, denn die sind in jedem Institut anders; selbst zwischen ihrer Größe nach vergleichbaren Banken bestehen manchmal beträchtliche Unterschiede. Das System ist meist so, daß Leiter von Filialen in Klein- und Mittelstädten eine Kompetenz zwischen einigen hunderttausend und etwa einer Million DM haben, der oder die Leiter der ihnen übergeordneten Kopffiliale meist einige Millionen. Die darüber liegenden Krediteinräumungen- oder Verlängerungen gehen dann an die Zentrale, wo es wiederum abgestufte Regelungen gibt. Leiter von den Filialen unterstehenden Zweigstellen, aber auch die Leiter der Kunden- bzw. Kreditabteilungen der Filialen haben Zuständigkeiten, die von der ihres Filialleiters abgeleitet sind. Regeln lassen sich hier überhaupt nicht aufstellen. Es gibt auch Systeme, bei denen innerhalb bestimmter Grenzen zwar nicht der Filialleiter entscheiden muß, aber zum Beispiel ein Zweigstellenleiter zusammen mit dem Leiter der betreffenden (Privat- oder Firmenkunden-) Abteilung oder auch die Leiter der zuständigen Kundenabteilung und der Kreditabteilung zusammen.

Wenn Sie Kreditkunde sind, kann es nicht schaden, wenn Sie sich gelegentlich über die bei Ihrer Bank bestehende Regelung erkundigen, zumindest soweit Sie betroffen sind. Davon, wer zu entscheiden hat, hängt ja oft ab, wieviel Zeit die Bank für ihre Entscheidung braucht, und auch, ob eventuell noch mit Rückfragen einer übergeordneten Instanz gerechnet werden muß. Es gibt Bankdirektoren, die nicht gern darüber sprechen, wie hoch ihre Kreditkompetenz ist. Lassen Sie sich dadurch nicht beirren.

Wer Banken mehr von außen kennt, erliegt oft dem Eindruck, da werde alles bis ins letzte kalkuliert, es regiere der Computer. Die Moden, denen die Aufbauorganisation der Banken periodisch zu folgen pflegt, sind der beste Beweis dagegen. Zu Anfang der siebziger Jahre, einige schon in den sechziger Jahren, entdeckten die Banken den kleineren Privatkunden und krempelten ihm zuliebe mit ungeheuren Kosten das Erscheinungsbild ihrer Schalterhallen und ihre hinter der Schaltertheke liegende Organisation um. Es dauerte etwa zehn Jahre (!), bis sie merkten, wieder alle etwa zur gleichen Zeit, daß der größte Teil der auf diese Weise gewonnenen Kundenverbindungen unterdurchschnittlich rentabel war und keine nachhaltige Aussicht auf Verbesserung bot. Man fand heraus, daß man eigentlich vom Firmenkundengeschäft lebte. Nur, das war noch nie anders. Die simpelste Spartenkalkulation, die je-

der Kreditdirektor bei seinen Firmenkunden zu sehen wünscht, hätte es gezeigt.
Überall in den großen Geschäftsbanken traten nun hochrangig besetzte Kommissionen zusammen, Beratungsfirmen verdienten sich eine goldene Nase, alles um ihn zu entdecken, den Firmenkunden, das unbekannte Wesen. Das Ergebnis: Es gab ihn schon. Unverdrossene Filialleiter in der Frontlinie, täglich ihre Ertragsrechnung im Auge, hatten dafür gesorgt. Aber nun traten gleich wieder die Marketing-Leute in Aktion und stellten fest, da gebe es, das gilt für die großen privaten Geschäftsbanken, eine Lücke. Man habe zwar mittlere und größere Firmenkundschaft, die kleinere sei aber anderswo. Wiederum, statt erst einmal den Rechenstift zur Hand zu nehmen, machte man sich daran, diese Lücke zu schließen. Und wieder erst nach gut fünf Jahren kam man darauf, daß man auch hier auf dem Holzweg war. Es ist nun einmal so, im Firmen- wie im Privatkundengeschäft ist es die mittlere Kundschaft, mindestens im gleichen Umfang wie das oberste Segment, von der die großen Institute mit ihren weitverzweigten Filialnetzen wirklich leben. Das sind die Kunden, denen sie durch die Qualität ihres Personals etwas zu bieten haben, und bei denen Art und Umfang der getätigten Geschäfte dieses Angebot sinnvoll und rentabel machen.
Dies alles sind Überlegungen, die Ihnen eher fernliegen. Trotzdem, wir sahen schon öfter, wie wichtig es sein kann, daß Sie Ihr Gewicht als Kunde einigermaßen richtig einschätzen. Und noch etwas mögen Sie aus dem Ganzen sehen: Auch in den großen Banken wird mit Wasser gekocht.

Banklaufbahnen

Kreditinstitute sind nicht nur Geschäftspartner fast aller, sie sind auch gesuchte Arbeitgeber. Dazu kommt, daß die Zahl der bei ihnen Beschäftigten kontinuierlich wächst. Zwei bis fünf Prozent Wachstum im Jahr bei der Beschäftigtenzahl größerer Banken sind keine Ausnahme. So mag es der Mühe wert sein, daß wir uns die Banken auch in dieser Rolle wenigstens in Ausschnitten ansehen.

Wir erwähnten es schon: Bankgeschäfte sind, ungeachtet aller Bemühungen um Rationalisierung, sehr personalintensiv. Mit dem Wohlstand der Kundschaft steigen die Ansprüche an den Service immer mehr, und der kann nun einmal nur von Menschen erbracht werden. Dies wiederum hat eine weitere Folge: Der Bedarf an Angestellten mit höherer Qualifikation steigt seit Jahren. Unter den Auszubildenden sind immer mehr Abiturienten; früher war das die Ausnahme. Und obwohl die meisten Banken die Zahl ihrer Ausbildungsplätze laufend soweit steigern, wie die vorhandene Kapazität dies zuläßt, müssen sie etwa 90 % der Bewerber abweisen. Die Lehrlingsausbildung des Gewerbes ist auch unter solchen Bewerbern beliebt, die gar nicht vorhaben, nach Abschluß der Lehrzeit Bankkaufleute zu werden, sondern beispielsweise kaufmännische Aufgaben in elterlichen Betrieben übernehmen wollen. Es steigt aber nicht nur der Prozentsatz der Abiturienten unter dem Personal der Banken, sondern auch der der Akademiker.

Ganz verkehrt allerdings wäre die Annahme, es gebe hier wie im öffentlichen Dienst Laufbahnen nur für Akademiker. Die jungen Akademiker in den Banken sind natürlich etwas älter als die ausgelernten Bankkaufleute, wenn sie ihre Berufslaufbahn beginnen, die Juristen sogar wesentlich älter. Das bringt mit sich, daß sie meist mit etwas höherer Bezahlung eingestellt werden. Im weiteren Verlauf müssen dann aber alle untereinander konkurrieren, und es ist keineswegs gesagt, daß dabei immer die Akademiker die Nase vorn haben. Sie haben kein Monopol auf die Eigenschaften, die neben den Fachkenntnissen Voraussetzung für den Aufstieg in Führungspositionen sind, nämlich Durchsetzungskraft, Anpassungsfähigkeit (widerspricht sich, aber beides wird gebraucht), Belastungsfähigkeit, Bereitschaft zur Teamarbeit (leider gibt es auch Beispiele, wo es ohne die gegangen ist, nicht zum Vorteil der betreffenden Bank) und schließlich die schwer faßbare, nur begrenzt erlernbare Fähigkeit, mit Menschen umzugehen, ihr Vertrauen zu erwerben, sie als Mitarbeiter zu motivieren, als Kunden für sich und damit das eigene Haus zu gewinnen. So kommt es, daß in den Führungspositionen der Banken neben Akademikern, meist Juristen, Betriebs- und Volkswirten, vielfach auch Direktoren sitzen, die einmal im gleichen Haus als Lehrling begonnen haben.

Den jungen Akademikern, die sich bei den Banken bewerben, werden meist zwei verschiedene Arten des Einstiegs geboten; die Bezeichnungen für die beiden Arten der Ausbildung, eher nichtssagend, sind »Trainee« und »on-the-job«. Die Trainee-Programme sind für solche Bewerber bestimmt, denen die Bank von vornherein zutraut, als Führungsnachwuchs in Betracht zu kommen. Das heißt, daß die Bewerber durch ein Auswahlverfahren geschleust werden, bei dem im letzten Durchgang häufig ein Team erfahrener Führungskräfte, im ersten jedoch mitunter ein Diplompsychologe die Entscheidung trifft, der außer der Personalabteilung von der Bank noch nicht viel gesehen hat. Da gäbe es wohl noch Verbesserungsmöglichkeiten. Die so ausgewählten Bewerber werden in einem Ausbildungsprogramm von etwa eineinhalb Jahren mit den verschiedensten Stellen und Sparten vertraut gemacht, und meist stellt sich während dieser Zeit heraus, wohin Eignung und Neigung des einzelnen gehen. Wenn es irgend geht, läßt man ihn dort seine eigentliche Laufbahn beginnen.

Bei den »on-the-job«-Bewerbern ist das anders. Sie werden von Anfang an in eine ihrer Fachrichtung entsprechende Abteilung gesetzt (z. B. Juristen in die Rechtsabteilung, Volkswirte in die volkswirtschaftliche oder in die Öffentlichkeitsarbeit, der erwähnte Diplompsychologe in die Personalarbeit), wo sie zeigen können, wie gut sie sind, aber eben auf ihrem Fachgebiet. Im Prinzip können sie sich wie jeder andere für Führungsposten qualifizieren. In der Praxis ist es aber doch so, daß die Bewerber aus dem Trainee-Programm die besseren Aufstiegschancen haben, schon weil die Personalabteilung sie ständig im Auge behält.

Wer als Abiturient oder mit mittlerer Reife seine Lehrzeit in einer Bank mit halbwegs gutem Ergebnis abschließt, kann fast immer damit rechnen, dort weiter beschäftigt zu werden. Diese Berufsanfänger haben während ihrer Lehrzeit einen ziemlich umfassenden

Überblick über die verschiedenen Sparten des Geschäfts bekommen. Bei ihnen ist es also weder für die Bank noch für die jungen Leute schwierig herauszufinden, wofür sie am besten geeignet sind. Oft ist es so, daß sie schon während der Lehrzeit einen Arbeitsplatz finden, der ihnen besonders liegt und wo man sie behalten möchte.

Immer noch heikel ist die Frage nach den Aufstiegsmöglichkeiten von Frauen im Bankwesen. Stellt man sie den Leitern der Personalabteilungen, so ist die Antwort meist schon fertig. Gleichberechtigt sind die weiblichen Bewerber, mehr noch, die Bank tut alles, um ihren Anteil in den Führungspositionen zu erhöhen. Nichts davon ist falsch, und es ist eine Tatsache, daß in vielen Instituten in den Trainee-Gruppen schon seit Jahren der Anteil weiblicher Bewerber dem der männlichen etwa entspricht. Sollte sich in der konservativsten aller Branchen wirklich etwas ändern? Es ist noch zu früh für eine Antwort. Viel wird davon abhängen, mit welcher Mentalität Frauen in Zukunft sich der Konkurrenz stellen. Minderwertigkeitskomplexe auf der einen, Quotendenken auf der anderen Seite können ihnen nur hinderlich sein. Beides toleriert der Wettbewerb nicht. Seien wir aber ehrlich, nicht von den Frauen allein hängt es ab. Frauen mit hoher Qualifikation und entsprechender Leistung auf bestimmten Arbeitsplätzen gibt es im Kreditwesen seit Jahrzehnten. Trotzdem ist es bis jetzt nur ganz vereinzelt einer von ihnen gelungen, in die oberen Führungsränge aufzusteigen. Das liegt nicht nur an mangelndem Ehrgeiz oder daran, daß Frauen oft eher als Männer familiären Pflichten und Bindungen Priorität vor ihrer Laufbahn einräumen. Es gibt hier noch mancherlei Vorurteile in den Hierarchien der Banken, wohl auch bei der Kundschaft.

Den Berufsanfängern wird vor allem in den großen Filialbanken überall gesagt, wenn sie Karriere machen wollten, müßten sie bereit sein, sich häufig versetzen zu lassen. Wie sollte auch jemand seine Qualifikation für höhere Aufgaben zeigen und die nötigen Erfahrungen sammeln können, wenn nicht auf immer wieder neuen, unterschiedlichen Posten? Aber da gibt es große Probleme.

Die Banken klagen bitter über die mangelnde Mobilität ihres Nachwuchses. Das hat natürlich Gründe. Der häufigste ist, daß die jungen Leute verheiratet sind oder in einer Partnerschaft leben und daß der jeweils andere Teil ebenfalls und oft auch in qualifizierter Position berufstätig ist. So etwas kann dazu führen, daß ein Ortswechsel für ein junges Paar schwere, auch durch eine Gehaltserhöhung gar nicht auszugleichende Nachteile mit sich bringt. Die oft zu hörende Klage der Banken, der Nachwuchs wolle sich seine Karriere mehr oder weniger ersitzen, ist in solchen Fällen sicher unberechtigt. Nur, wenn die Banken diese Probleme zu lösen versuchen, indem sie die Versetzungsbereitschaft ihrer Nachwuchskräfte, wenn sie denn vorhanden ist, mit Laufbahnvorteilen belohnen, dann muß man das auch verstehen.

Gesuchte Arbeitgeber seien die Banken, sagten wir. Das stimmt insofern, als Berufsanfänger der unterschiedlichsten Qualifikation sich so zahlreich bei den Banken bewerben, daß diese nicht entfernt in der Lage sind, sie alle zu nehmen, weil die Ausbildungskapazität trotz großer Anstrengungen nicht ausreicht. Die Lage ist paradox. Denn auf der anderen Seite klagen alle Banken über Mangel an gut ausgebildetem Personal. Selbst weltbekannte Häuser, die durch Inserat beispielsweise erfahrene Kreditsachbearbeiter suchen, bekommen kaum Zuschriften.

Die Erklärung ist, daß die meisten Banken die Entwicklung hin zur höheren Qualifikation des Personals lange Zeit ein wenig verschlafen haben. Immer schon war ihre Lehrlingsausbildung besonders gut; das brachte und bringt ihnen die große Zahl von Bewerbern. Aber der Anteil an wirklich hoch qualifiziertem Personal wurde bis in die achtziger Jahre eher niedrig gehalten, der hohen Kosten wegen. Und eigentlich erst, als nach einigen Irrwegen der Wettbewerb um den Firmenkunden voll einsetzte, erkannte man, daß man personell dafür nicht gerüstet war. Die Folge: Sowohl in der Lehrlingsausbildung wie in der Aufnahme und Ausbildung von jungen Akademikern wurden die Bemühungen mit großem Aufwand intensiviert. Diese Entwicklung ist noch längst nicht abgeschlossen.

Den jungen Lesern, die mit mittlerer Reife, bestandenem Abitur oder abgeschlossener Hochschulausbildung darüber nachdenken, ob eine Banklaufbahn für sie das Richtige sein könnte, seien diese Stichworte gegeben:

- Fast überall eine Ausbildung, die den Durchschnitt in der Wirtschaft deutlich übertrifft und die weit über die Grenzen des Kreditgewerbes hinaus anerkannt und gesucht wird.
- Bezahlung sowohl im Tarif wie vor allem oberhalb desselben eher mäßig. Starre Systeme stehen der adäquaten finanziellen Förderung von Hochbegabten häufig im Wege.
- Aufstiegsmöglichkeiten dagegen auf absehbare Zeit für qualifizierte Bewerber wegen der Ausweitung des Service-Angebots und der noch wachsenden Auslandsverbindungen über Durchschnitt. Aufstieg vielfach von Versetzungsbereitschaft mit abhängig. Sprachkenntnisse zunehmend wichtig. Eine Vielzahl unterschiedlicher Tätigkeiten kommt sehr verschiedenen Neigungen, Begabungen und Charakteren entgegen.
- Arbeitsplätze im Kreditgewerbe wohl die sichersten der deutschen Wirtschaft. Sozialleistungen der Institute vielfach vorbildlich.

Wie findet man die »richtige« Bank?

Dieses Kapitel ist nur für die wenigen bestimmt, die ihre Bank noch nicht haben. Kaum etwas, das hier gesagt wird, kann Grund genug sein, eine bestehende Bankverbindung zu wechseln. Das ist mit so vielen Unbequemlichkeiten verbunden; wer daran denkt, weil er sich über seine Bank geärgert hat, sollte sich überlegen, daß auch die nächste nicht vollkommen ist. Sie haben Daueraufträge laufen, vielleicht Einzugsermächtigungen, das alles muß geändert werden. Privatleute haben doch meist, weil es sich anders kaum lohnt, nur eine Bankverbindung. Bei Firmen kann man viel leichter eine zweite Bankverbindung sozusagen neben der ersten herlaufen lassen und ausprobieren, mit welcher man besser daran ist. Trotzdem kann es vorkommen, daß Sie ernstlich Gründe haben, eine neue oder überhaupt Ihre Bank zu suchen. Ein Umzug, Ihre bisherige Bank ist am neuen Platz nicht vertreten, oder auch, daß Sie sich zu sehr geärgert haben ... Es könnte auch sein, daß Sie geerbt und nun plötzlich das Gefühl haben, die Ratschläge, die Sie in Ihrer Sparkassen- oder Bankzweigstelle für die Anlage bekommen, seien nicht ganz das, was Sie erwartet hatten. In all diesen Fällen mag es der Mühe wert sein, nachzudenken, welche Bankverbindung gerade für Sie vielleicht doch ein klein wenig besser geeignet sein könnte als die erste beste.

Wahrscheinlich kommen die Mehrzahl aller Bankverbindungen mehr oder weniger zufällig zustande. Räumliche Nähe der Bank oder einer Zweigstelle, persönliche Bekanntschaft mit jemandem, dem man einen Akquisitionserfolg gönnt, Geschäftsbeziehungen des Arbeitgebers, alles sinnvolle Überlegungen, nur: die einzigen sollten es nicht sein. Stellen Sie sich die Frage, was Sie von Ihrer

Bankverbindung erwarten. Geht das nicht über die Abwicklung des Zahlungsverkehrs hinaus, dann ist in der Tat die bequemste und billigste Verbindung die richtige für Sie.
Es kann sein, daß das dann gar keine Bank ist, sondern das Postgiroamt. Der ordnungspolitische Einwand, daß die Post die Kosten ihres Girodienstes nicht mit ihrem eigenen Geld hinuntersubventioniert, sondern mit dem der Bürger, wird Sie dabei wohl kaum stören. Das Postgirokonto kann übrigens auch als Zweitverbindung dann wenigstens der Überlegung wert sein, weil insoweit billiger, wenn ein sehr lebhafter Zahlungsverkehr abzuwickeln ist. Für das Postsparbuch gilt nichts wesentlich anderes, als für alle anderen Sparbücher auch; wir sprachen oben darüber. Früher war es ein Vorteil, daß man mit einem Postsparbuch bei allen Postämtern abheben kann. Daß dieses Argument im Zeitalter des Euroschecks und der Kreditkarte noch zählen sollte, kann man sich schwer vorstellen. Wenn Ihr Bedarf über den reinen Zahlungsverkehr und allenfalls das Halten eines Sparkontos hinausgeht, wird ein Kreditinstitut als Partner für Sie besser geeignet sein, einfach deshalb, weil Sie dort immer einen qualifizierten Gesprächspartner finden. Und denken Sie daran, Ihren Bankverkehr nicht zu sehr zu zersplittern. Sie mindern Ihr Gewicht als Kunde, was Sie nicht unterschätzen sollten.
Ein Kreditinstitut also, eine Bank, das Wort als Gattungs-, nicht als Gruppenbezeichnung gebraucht. Aber welche? Noch einmal: Was erwarten Sie, welche Art von Geschäften haben Sie vor? In welchen Fragen suchen Sie Rat oder doch zumindest ein fachkundiges Gegenüber? Selbst wenn Sie im Augenblick nur ein Gehalts- oder Sparkonto einrichten wollen, das wird nicht auf die Dauer so bleiben. Wenn Sie sich auf diese Art ein Bild gemacht haben, wie Sie sich Ihre Bank und den Service vorstellen, den Sie in Anspruch nehmen wollen, der aber letzten Endes auf irgendeine Weise auch bezahlt werden muß, dann messen Sie dieses »Anforderungsprofil« an dem, was wir oben über die einzelnen Bankengruppen gesagt haben. Lassen Sie bei dieser Betrachtung außer Betracht, wie sehr sie sich aufeinander zu bewegen; bis zur völligen Uniformität

haben alle noch eine Strecke Weges zurückzulegen. Bleiben Sie bei dem herkömmlichen Bild der einzelnen Gruppen. Auf diese Weise werden Sie bei derjenigen landen, bei der Sie sich mit einiger Wahrscheinlichkeit am wohlsten fühlen werden. Ist das der Sparkassen- oder genossenschaftliche Sektor, dann ist Ihre Entscheidung meist schon getroffen. Nur selten ist mehr als eine Bank dieser Art am Ort oder jedenfalls in erreichbarer Entfernung. Kommen Sie zu dem Ergebnis, daß Ihnen eine private Geschäftsbank mehr liegt, dann werden Sie der Qual der Wahl nicht enthoben sein. Fast überall gibt es mehrere. Persönliche Präferenzen, vielleicht auch gewisse Unterschiede im Image der verschiedenen Häuser werden dann Ihre Entscheidung bestimmen, und das ist auch gut so.

Eine andere Frage ist es, ob es Sinn hat, bei einer solchen Entscheidung die Konditionen der in Frage kommenden Banken zu vergleichen und sich für die billigste zu entscheiden. Handelt es sich dabei um die Gebühren der Kontoführung, die Sparzinsen, Depotgebühren oder ähnliche mit der laufenden Geschäftsverbindung verbundene Kosten, so wird bei dem Vergleich nicht viel herauskommen. Etwa wahrnehmbare Unterschiede werden meist nur vorübergehend sein.

Kommen Sie als Kreditkunde, so könnte der Vergleich der Zinsen eher als Grundlage Ihrer Entscheidung geeignet sein. Denken Sie aber an die Sache mit dem »Eintrittspreis«, über den wir bei den Kreditkonditionen sprachen. Das alleinige Argument zugunsten einer und gegen eine andere Bank sollten Konditionen nur selten sein, für den Wechsel einer schon bestehenden Bankverbindung noch seltener.

Nicht so einfach ist es mit dem Thema geschäftlicher oder kapitalmäßiger Verflechtungen der Bank mit anderen Unternehmen, mit der öffentlichen Hand oder überhaupt mit irgendjemandem, dessen Einfluß Ihnen bedenklich erscheint. Bankdirektoren hören solche Befürchtungen immer wieder, auch von geschäftserfahrenen Firmenkunden. Trotzdem gibt es nur vereinzelt wirklich Grund zur Besorgnis. Beginnen wir bei geschäftlichen Beziehungen zur Konkurrenz. Die bestehen eigentlich immer. Es wäre ja auch absurd, von einer Bank zu verlangen, sie dürfe in welchem Wirtschaftszweig auch immer nur mit einem Kunden zusammenarbeiten. Deshalb, und weil in der Zusammenarbeit mit einer Bank so häufig auch sehr vertrauliche Interna eines Kunden offengelegt werden, bleibt Diskretion die erste Eigenschaft, die jedem Banker beinahe eingebläut und nach kurzer Zeit zur zweiten Natur wird. Zu allererst im Interesse seiner Bank und in seinem eigenen!

Mehr noch als geschäftliche können es auch kapitalmäßige Verflechtungen sein, die bei Ihnen Zweifel an der Objektivität Ihrer Bank auslösen. Da wird man unterscheiden müssen zwischen Beteiligungen Dritter an der Bank und solchen der Bank an anderen Unternehmen. Im ersten Fall können Zweifel angebracht sein. Es sind Einflüsse denkbar, denen die Bank sich nicht entziehen kann, auch wenn sie im eigenen Interesse noch so gerne wollte. Allerdings ist so etwas doch nur dann möglich, wenn es sich um eine Beteiligung von beachtlicher Höhe handelt. Bei den großen privaten Geschäftsbanken gibt es das nirgends. Bei den wenigen echten Privatbankiers ist die Sache eindeutig. Wer da mit der Inhaberfamilie auf einem anderen Gebiet gegensätzliche Interessen hat, wird sich von selbst nicht gerade auf diese Bank stützen. Problematisch ist hier und da die Inhaberstellung der öffentlichen Hand bei den Sparkassen. Bei ihnen sitzen im Verwaltungsrat notwendigerweise Mitglieder der betreffenden Stadt- oder Gemeinderäte. Es kommt vor, daß es sich dabei um Konkurrenten von Kunden handelt. Für die Privatkundschaft spielt das de facto kaum eine Rolle. Im Firmengeschäft hat es schon manchen Sparkassenkunden zur wenigstens teilweisen Abwanderung zu einer privaten Bank veranlaßt. Es können aber zumindest in kleineren Orten Firmen, die von kommunalen Aufträgen abhängig sind, sich nur selten leisten, kein Sparkassenkonto zu haben. Eine mißliche Situation, über die wenig gesprochen wird.

Anders wird die Sache meist von allen Beteiligten gesehen, wenn Ihre Bank ihrerseits an einem Unternehmen beteiligt ist, von dem Sie nicht wollen, daß es Ihnen in die Karten schaut. So selten ist der Fall gar nicht, denn Beteiligungen von Banken an Industrieunternehmen gibt es ja genug. Trotzdem gibt es hier nur ausnahmsweise Bedenken bei der Firmenkundschaft wegen der Einhaltung der Diskretion. Die Gewähr, die das eigene Interesse der Banken an der Erhaltung des Vertrauens ihrer Kundschaft darstellt, scheint zu genügen. Eine andere kann es nicht geben.

Was heißt hier Vertrauen?

Für den Neuling, der anfängt, sich in den Betrieb einer Bank einzuarbeiten, ist es eine der großen Überraschungen, wie viel dort auch im Zeitalter des Computers, einer Zeit, in der Journalisten ihre Spalten mit Glossen über den »gläsernen Kunden« füllen, auf Vertrauen gegründet ist, gegenseitigem Vertrauen zwischen Bank und Kunden. »Dictum meum pactum«, das stolze Wort der City of London, im Finanzgeschäft ist noch immer etwas daran. Nicht, weil Banker bessere Menschen wären, sondern weil es nicht anders geht.

Nehmen Sie das Kreditgeschäft. Natürlich verlangt die Bank Unterlagen, aber ein Kreditgeschäft mit wirklich aktueller Dokumentation gibt es überhaupt nicht.

Oder nehmen Sie den Geldhandel zwischen den Banken, der sich am Telefon und oft in einer Atmosphäre hektischer Eile abwickelt. Wer da nicht darauf vertrauen wollte, daß der Partner von der anderen Bank, den er oft nicht einmal persönlich kennt, die mündlichen Abschlüsse korrekt ausführt, er müßte sich aus dem Geschäft zurückziehen. Und dabei geht es meist um zweistellige Millionenbeträge.

Nicht geringer zu achten ist das Vertrauen, das der Kunde seiner Bank entgegenbringen muß, wenn er Geschäfte einigermaßen nennenswerten Umfangs mit ihr tätigen will. Daß er ihr als Einleger sein Geld anvertraut, als Depotkunde seine Wertpapiere, ist in der Bundesrepublik durch die von den einzelnen Gruppen des Kreditgewerbes geschaffenen Einlagensicherungsfonds zu einem kaum noch existenten Risiko geworden. Bei einer Bank, die einem dieser Fonds angehört, als Einleger zu Schaden zu kommen, ist beinahe nicht denkbar. Die Fonds wurden alle ziemlich rasch nach der spektakulären Pleite des Bankhauses Herstatt in Köln gegründet. Wie gewöhnlich konnte man sich über ein gemeinsames Vorgehen der drei großen Gruppen des deutschen Kreditwesens nicht einigen, und so gründete jede ihre eigene Einlagensicherung. Die der privaten Banken deckt im Ernstfall die Einlagen jedes Kunden bis zur Höhe von 30 % des haftenden Kapitals des insolvent gewordenen Instituts. In der Praxis hat diese Obergrenze kaum Bedeutung; es ist schwer vorstellbar, daß eine Bank überhaupt bereit wäre, von einem einzelnen Kunden Einlagen in einer solchen Höhe hereinzunehmen. Täte sie es, so würde sie sich damit in ein Maß an Abhängigkeit begeben, das wohl kein Bankvorstand eingehen wollte. Bei den beiden anderen Gruppen deckt die Einlagensicherung 100 % jeder Einlage.

In einem Fall, der vor einigen Jahren durch die Presse ging, reichten die Mittel des aktuell betroffenen Fonds nicht. Die beteiligten Banken schossen nach kurzen Verhandlungen nach, so daß die Kundschaft entschädigt werden konnte. Ein Teil dieser Banken hatte bei der Pleite, von der die Rede ist, selbst Verluste in teilweise zweistelliger Millionenhöhe erlitten. Das Interesse an der Erhaltung des Vertrauens in das System als Ganzes wog hier schwerer als alle anderen Gesichtspunkte. Bei Abfassung dieses Buches sind im Bundesgebiet nur zwei sehr kleine Banken bekannt, die keinem Einlagensicherungsfonds angehören. Bei der einen handelt es sich um ein konfessionell orientiertes Haus, das sich kurioserweise gegenüber dem Bundesaufsichtsamt für das Kreditwesen die Erlaubnis vor Gericht erstritten hat, ohne Mitgliedschaft bei einer Einlagensicherungseinrichtung tätig zu sein. Dieser Bank waren die Kosten der Einlagensicherung zu hoch. Der zweite Fall betrifft eine politisch-weltanschaulich engagierte Genossenschaftsbank. Hier hat die einschlägige Einlagensicherung der Genossenschaftsbanken die Aufnahme verweigert. Die Kundschaft dieser beiden Banken kennt das Risiko.

Wir sprachen oben über Geldanlagen im Ausland und die Gründe, die es dafür gibt. Falls Sie sich dazu entschließen, sollten Sie wissen, daß es nirgends Einrichtungen zur Einlagensicherung gibt, die den in der Bundesrepublik vorhandenen auch nur entfernt entsprechen. In der Schweiz, in Österreich und auch in Luxemburg ist gar keine Einlagensicherung vorhanden. Falls Sie dort Geld anlegen wollen, werden Sie also gut daran tun, sich über die Bonität Ihrer Bank vorher zu vergewissern. Für die Tochterbanken der großen deutschen Institute stehen die Mütter ein.

Das alles ist nur der geringere Teil des Problems. Der wichtigste Bereich, in dem der Kunde seiner Bank vertrauen muß, ist viel schwerer zu fassen, am wenigsten in irgendwelche Paragraphen. Gemeint ist die unzweifelhaft aus dem Bankvertrag herrührende, inhaltlich immer nur für den Einzelfall definierbare, dennoch aber sehr wirksame, allen Beteiligten stets bewußte Pflicht der Bank zu kundenfreundlichem Verhalten. Unmöglich zu beschreiben, was alles hierunter zu verstehen ist. Wir bewegen uns da in dem Grenzgebiet zwischen dem, wozu die Bank durch Gesetz oder Vertrag eindeutig verpflichtet ist, und dem, was sie weder tun muß noch kann. Eine Art rechtlichen Niemandslandes, dessen Bedeutung den meisten erst bewußt wird, wenn sie es betreten.

Ein paar Beispiele mögen deutlich machen, worum es hier geht. Das erste, in der Alltagspraxis häufig vorkommende: Das Konto des Kunden X weist kein Guthaben aus, eine Kreditlinie ist nicht eingeräumt. Der Bank wird ein Scheck zur Einlösung vorgelegt, mit dem X die Sozialabgaben für seine Angestellten bei der AOK bezahlen wollte; X ist auf Reisen und nicht zu erreichen. Was wird die Bank tun? Jedermann weiß, die Rückgabe gerade eines AOK-Schecks durch die Bank als unbezahlt kann für ihren Kunden die schwerwiegendsten Folgen haben, ähnlich wie bei der Strom- oder Telefonrechnung oder, mit ein wenig mehr Spielraum, dem Finanzamt. Im Einzelfall wird die Antwort von der Höhe des Betrages und den Verhältnissen des Kunden abhängen. Nur, worauf der Kunde vertrauen muß und in aller Regel auch kann: daß die Bank sich eine Lösung ausdenkt und nicht einfach dem Buchstaben folgt.

Ein weites Feld, bei dem die Bank für den Kunden »mitdenken«

muß, sind die Fälle, in denen sie Grund für den Verdacht zu haben glaubt, ein Bevollmächtigter eines Kunden mißbrauche seine Vollmacht. Das sind heikle Fragen. Gibt die Bank unbegründet Alarm, kann sie sich großem Ärger aussetzen, bis hin zum Verlust der Geschäftsverbindung. Aber trotzdem, gibt es vernünftige Verdachtsgründe, darf und wird die Bank nicht einfach die Augen schließen und sich auf das Bestehen der Vollmacht zurückziehen. Darauf muß der Kunde und Kontoinhaber vertrauen können. Beide Beispiele kommen in der Praxis immer wieder vor, haben auch die Gerichte beschäftigt, weil Kunden fanden, ihre Bank habe im konkreten Fall eben nicht genügend »mitgedacht«. Beide zeigen auch, daß es in diesem Bereich keine Patentlösungen geben kann, die auf alle vorkommenden Fälle anwendbar wären. Als Bankkunde ist es aber wichtig für Sie, sich bewußt zu machen, daß es dieses schwer zu umreißende Grenzgebiet gibt; es ist besser, wenn Sie daran denken, bevor Ihre Bank durch Sie vor solche Entscheidungen gestellt ist. Glauben Sie lieber nicht, in Ihrer von Ihnen korrekt gehandhabten und eher unkomplizierten Bankverbindung könne es dergleichen nicht geben.

»Vertrauensbildende Maßnahmen« ist eines der Schlagworte, mit denen wir gefüttert werden, ohne uns allzu viele Gedanken darüber zu machen. Es könnte nicht schaden, wenn Sie dieses Schlagwort im Zusammenhang mit Ihrer Bankverbindung mit Inhalt versehen würden. Deutlicher gesagt: Wenn Ihre Bank Ihnen vertrauen soll, dann müssen Sie ihr ein wenig dabei helfen. Sorgen Sie dafür, daß man Sie kennt, daß man einigermaßen über Ihre Verhältnisse Bescheid weiß. Banker sind auch nur Menschen, und wenn sie sich sicher fühlen, wissen, mit wem sie es zu tun haben, wird ihnen eine großzügige Entscheidung leichter fallen, wenn sie einmal nötig sein sollte. Wenn Sie also wieder einmal in Ihrer Bank zu tun haben, sprechen sie mit Ihrem Kundenberater, und sagen Sie ihm, daß Sie auch seinen Vorgesetzten gelegentlich sprechen wollen. Es ist Ihr gutes Recht, die Leute zu kennen, die bei Entscheidungen im Zusammenhang mit Ihrer Geschäftsverbindung gefragt werden müssen.

Wie ist es aber umgekehrt, wie weit können Sie Ihrer Bank vertrauen? Im Großen, wenn es um viel für Sie geht, bis hin zu Fragen der Existenz; und im Kleinen, bei Dingen wie der Wertstellung von Eingängen auf Ihrem Konto oder der Berechtigung von Gebühren. Da ist Nüchternheit gefragt, denn die Antwort ist: Das bemißt sich nach der Interessenlage; der der Bank, versteht sich. Und hier schließt sich der Kreis dieser Betrachtungen. Welches denn das Interesse der Bank sei, wo und wie weit es mit dem Ihrigen konform gehe, das zu zeigen war das Ziel. Von der Bank können Sie die Wahrung Ihrer Interessen da erwarten, aber eben nur da, wo sie nicht mit denen der Bank kollidieren. Fordern Sie Ihre Bank also, aber überfordern Sie sie nicht.

Gerade das geschieht allenthalben. Von Banken wird in der Öffentlichkeit, meist bei spektakulären Insolvenzen, immer wieder ein Maß an Verzicht auf die Wahrung eigener Belange gefordert, das man in dieser Weise von niemand anderem erwartet. Die Banker, die das beklagen, sollten aber einmal mit sich zu Rat gehen, ob sich darin nicht auch ihre eigene Öffentlichkeitsarbeit spiegelt, letzten Endes auch ihr eigenes Selbstverständnis. So endet dies Buch mit der Frage an die Banker, an viele von ihnen wenigstens, ob sie sich ein Selbstverständnis und eine Selbstdarstellung leisten können, die ihre Rolle als Marktteilnehmer so sehr schönfärbt, wie dies überall geschieht.

[illegible] war wohl kaum [illegible] Buch ge-
braucht [illegible], wenn es gar [illegible] geht bis hin zu Preisen
der [illegible] und [illegible] der Verwendung
von [illegible] der Berechnung von [illegible]
[illegible] ist. Das
[illegible] der Bank [illegible] versteht sich,
und hier schiebt sich [illegible] diese [illegible]
man das Interesse der Bank [illegible] aus dem dro-
henden [illegible] das [illegible] Bank kön-
nen Sie im Wahrheit [illegible] interessieren [illegible] aber nur
[illegible] der Bank [illegible] Sie Ihre
Bank [illegible] aber über [illegible] denn Sie [illegible]?

[illegible]

Nun hat die Frage an die Banken [illegible] wenig
[illegible] verstanden und [illegible]
[illegible] Rolle [illegible] wie
das Geschäft nicht.

Fachwörter von A bis Z

Abbuchungsverfahren › Lastschriftverfahren.

Abrechnungsverkehr, › Clearing, bargeldloser Ausgleich von Forderungen und Schulden zwischen einem bestimmten Kreis von Teilnehmern an diesem Verfahren.

Abtretung (Zession) von Forderungen, Kreditsicherheit im Bankgeschäft. Vertrag zwischen altem und neuem Gläubiger sowie Zulässigkeit der Abtretung erforderlich.

Abwertung, Herabsetzung des Wertes einer Währung im Verhältnis zu einer Bezugsgröße (z. B. andere Währung).

Abzahlungskredite sind in bestimmten, bei Vertragsabschluß festgelegten Raten zurückzuzahlen.

Abzinsung, rechnerische Ermittlung des Wertes einer zukünftigen Zahlung durch Zinseszinsrechnung.

Abzinsungspapiere, Wertpapiere oder Sparbriefe, bei denen die insgesamt zu zahlenden Zinsen durch › Abzinsung ermittelt und vom Kaufpreis abgezogen werden.

à-conto-Zahlung, Abschlagszahlung auf fällige oder zukünftige Verbindlichkeit.

Adresse, »Erste Adresse«, Unternehmen oder Privatperson von besonders guter › Bonität.

Agio, Aufgeld, Prozentsatz, um den der Preis eines Wertpapiers, einer Forderung oder eines sonstigen Rechts den Nominalwert übersteigt.

Akkreditiv, Anweisung an eine Bank, einem Dritten auf Anforderung, ggf. gegen Vorlage bestimmter Unterlagen, einen bestimmten Betrag zu zahlen.

Aktie, Wertpapier, das einen Anteil am Grundkapital einer › Aktiengesellschaft in Höhe des Nominalbetrags der Urkunde verbrieft. Meist › Inhaberpapier. › Stammaktien oder › Vorzugsaktien.

Aktienfonds, › Investmentfonds, der nur in Aktien investiert.

Aktiengesellschaft, › Kapitalgesellschaft, eigene Rechtspersönlichkeit (juristische Person), Einzelheiten im Aktiengesetz geregelt.

Aktienkapital, Grundkapital einer Aktiengesellschaft, mindestens DM 100 000,–.

Aktivgeschäft einer Bank, Bezeichnung für die auf der Aktivseite der Bilanz verbuchten Geschäfte, Verwendung der zur Verfügung stehenden Mittel, die ihrerseits als › Passivgeschäft auf der Passivseite verbucht werden.

Akzept, Annahme eines › Wechsels durch Bezogenen, der dadurch wechselmäßig verpflichtet wird. Auch Bezeichnung für den akzeptierten Wechsel.

Akzeptkredit, Verpflichtung der Bank, bis zur Kredithöhe Wechsel mit meist dreimonatiger Laufzeit zu akzeptieren und nach Fälligkeit einzulösen, die der Kunde auf sie zieht.

Allgemeine Geschäftsbedingungen der Banken bilden vertragliche Grundlage für deren Geschäftsverkehr mit ihren Kunden, ergänzend zu gesetzlichen Vorschriften und einzelvertraglichen Regelungen.

Amortisation, Tilgung längerfristiger Verbindlichkeiten nach vertraglich festgelegtem Plan.

Anderdepots, Wertpapierdepots analog › Anderkonten.

Anderkonten, Bankkonten, bei denen das verbuchte Vermögen für die Bank erkennbar Dritten, also nicht den Kontoinhabern, meist Rechtsanwälten, Notaren, Wirtschaftsprüfern, gehört.

Anleihe, langfristige Aufnahme von Darlehensmitteln am Kapitalmarkt, verbrieft in › Schuldverschreibungen, meist auf den Inhaber lautend und an der Börse gehandelt. Genehmigung zur Ausgabe erforderlich.

Annuität, periodische, gleichbleibende, Zins und Tilgung enthaltende Zahlungen auf eine Darlehensschuld nach vertraglich festgelegtem Plan.

Anschaffungsdarlehen, standardisierte Ratenkredite im Massengeschäft. Weitgehend beliebiger Verwendungszweck, Laufzeiten 6 bis 72 Monate, relativ hohe Kosten, Beträge bis DM 50 000,–, teilweise darüber, Sicherstellung bei Kunden in geordneten Verhältnissen eher großzügig gehandhabt.

Arbitrage, Handelsgeschäft, bei dem Preis- oder Kursunterschied für gleiche Güter an verschiedenen Märkten genutzt wird.

Aufgeld, › Agio.

Aufwertung, Gegensatz zu › Abwertung.

Aufzinsungspapiere, Wertpapiere oder Sparbriefe, bei denen die insgesamt zu zahlenden Zinsen dem Nominalbetrag hinzugeschlagen und bei Fälligkeit in einem Betrag mit diesem gezahlt werden. Gegensatz › Abzinsungspapiere.

Ausfallbürgschaft, Form der › Bürgschaft, bei der der Bürge nur für den dem Gläubiger entstandenen Ausfall haftet. Wann und wie dieser festgestellt wird, steht meist im Bürgschaftsvertrag.

Ausgabekurs (Emissionskurs), Kurs, zu dem neu aufgelegte Wertpapiere angeboten werden.

Auslandsanleihe, im Ausland begebene Anleihen inländischer oder im Inland begebene Anleihen ausländischer Schuldner.

Auslosung, Verlosung, Form der (vertragsmäßigen) Tilgung von Anleihen vor Fälligkeit.

Avalkredit, Kreditlinie, dadurch ausgenutzt, daß die Bank im Auftrag des Kunden für diesen gegenüber einzelnen seiner Gläubiger Bürgschaften oder Garantien (Avale) übernimmt.

Baisse, nach unten gerichtete Börsentendenz, › bear market. Gegensatz › Hausse, › bull market.

Bankakzept, › Akzeptkredit.

Bankanleihen, von Banken aufgenommene Anleihen, die durch › Schuldverschreibungen unterlegt werden.

Bankauskunft, Auskunft zwischen Banken über die Bonität ihrer Kunden. Wichtig vor allem im Wechselgeschäft beim Ankauf von Wechseln auf der Bank unbekannte Bezogene.

Bankbürgschaft › Avalkredit.

Bankeinlagen, Einlagen von Banken bei Banken.

Bankenaufsicht, staatliche Aufsicht über die Kreditinstitute, die nach dem Gesetz über das Kreditwesen vom Bundesaufsichtsamt für das Kreditwesen ausgeübt wird.

Bankleitzahl, achtstellige Kennzahl für jedes Kreditinstitut in der Bundesrepublik. Dient rascherer Abwicklung des Zahlungsverkehrs.

Bankrate, › Diskontsatz der Deutschen Bundesbank, Satz, zu dem die Bundesbank von den Banken in jeweils festgesetztem Umfang von diesen hereingenommene Kundenwechsel ankauft. Hierüber weit hinausgehende Signalwirkung auf den Geld- und Kapitalmarkt.

Bankvollmacht, schriftliche Erklärung eines Bankkunden gegenüber der Bank, wonach ein Dritter in festgelegtem Umfang über das Konto des Kunden verfügen darf. Jederzeit widerruflich.

Bargeldloser Zahlungsverkehr, Bewegung von › Buchgeld von einem Konto auf ein anderes.

Barkredit, auch › Kontokorrent- oder Dispositionskredit, Bezeichnung für in laufender Rechnung eingeräumte, beweglich zu benutzende kurzfristige Kreditlinien.

Barscheck, Scheck, den die bezogene Bank auf Verlangen bar auszahlt. Gegensatz › Verrechnungsscheck.

Bausparkassen, Spezialkreditinstitute, die aus von den Bausparern längerfristig anzusparenden Mitteln zinsgünstige, langfristige, in der Regel an 2. Rangstelle hinter den Hypothekendarlehen abgesicherte Baudarlehen gewähren.

Bauzwischenkredit, für ein Bauvorhaben gewährter kurzfristiger Kredit, der nach Fertigstellung bzw. Auszahlungsreife der (langfristigen) Endfinanzierung durch diese abgelöst wird.

Bear market, abwärts gerichtete Börsentendenz, › Baisse. Gegensatz › bull market, › Hausse.

Befristete Einlagen, › Termineinlagen, Termingelder.

Belegloser Datenträgeraustausch, Austausch von elektronischen Datenträgern (Magnetbänder, Disketten), die die einzelnen Kontoverfügungen enthalten, ohne daß schriftliche Belege bewegt werden. Teilnehmer: Kunde-Bank, Bank-Bank oder Bank-Landeszentralbank.

Beleihungsgrenze, der Prozentsatz des Wertes eines Sicherungsgutes, bis zu dem eine Beleihung erfolgt. Je nach Sicherungsgut und angenommener Verwertungsmöglichkeit unterschiedlich.

Bereitstellungsprovision, Kreditprovision, Provision für die Bereitstellung eines zugesagten, nicht in Anspruch genommenen Kredits.

Besserungsschein, Verpflichtung, eine an sich erlassene Forderung nach Besserung der Verhältnisse des Schuldners ganz oder teilweise zu tilgen.

Betriebsmittelkredit, kurzfristiger › Barkredit zur Finanzierung des laufenden Betriebes eines Unternehmens.

Bezogener, bei Schecks und Wechseln derjenige, an den sich die darin enthaltene Zahlungsanweisung richtet; bei Schecks immer Kreditinstitut.

Bezugsrecht, bei › Kapitalerhöhungen von ›Aktiengesellschaften Recht der Aktionäre, im Verhältnis ihres Anteils am › Grundkapital die neu emittierten Aktien oder › Wandelschuldverschreibungen zu erwerben.

Blankokredit, ungesicherter Kredit.

Blankoscheck, Scheck, in dem Scheckbetrag (noch) nicht eingesetzt, die übrigen Merkmale der Gültigkeit einschließlich Unterschrift des Ausstellers jedoch vorhanden.

Blue chips, Aktien von Gesellschaften besonders guter Bonität.

Börseneinführung von Wertpapieren, auf Antrag einer an der Börse zugelassenen Bank bei der Börsenzulassungsstelle.

Bogen, Teil eines Wertpapiers, der im Gegensatz zum › Mantel, dem eigentlichen Wertpapier, die Zins-, Dividenden- und Erneuerungsscheine enthält.

Bonds, festverzinsliche Wertpapiere.

Bonität, persönliche und materielle Kreditfähigkeit eines Schuldners.

Bonus, zusätzliche Ausschüttung neben der Dividende einer Aktiengesellschaft. Auch: Individuell ausgehandelte Höherverzinsung einer Spareinlage.

Branchenfonds, › Investmentfonds, der in Papieren bestimmter Branche(n) anlegt.

Briefgrundschuld, › Grundschuld, für die ein Brief gebildet wurde. Kann außerhalb des Grundbuchs abgetreten werden. Gegensatz › Buchgrundschuld.

Briefhypothek, Hypothek, über die ein Brief gebildet wurde. Kann außerhalb des Grundbuchs abgetreten werden. Gegensatz › Buchhypothek.

Briefkurs, im Effekten- und Devisenhandel der Kurs, zu dem Angebot besteht. Gegensatz › Geldkurs.

Buchgeld (Giralgeld), im Zahlungsverkehr lediglich durch Buchungsvorgänge, also ohne Einsatz von Bargeld, bewegte Geldbeträge. Gegensatz › Bargeld.

Buchgrundschuld, Grundschuld ohne Brief. Übertragung muß im Grundbuch eingetragen werden. Gegensatz › Briefgrundschuld.

Buchhypothek, analog › Buchgrundschuld.

Bürgschaft, Vertrag, durch den sich jemand gegenüber dem Gläubiger eines Dritten verpflichtet, für dessen Forderung einzustehen.

Bürgschaftskredit › Avalkredit.

Bull market, aufwärts gerichtete Börsentendenz, › Hausse. Gegensatz › bear market.

Bundesobligationen, fünf Jahre laufende Schuldverschreibungen des Bundes.

Bundesschatzanweisungen, kurz- oder mittelfristige Schuldverschreibungen des Bundes.

Bundesschatzbriefe, sechs- und siebenjährige Sparbriefe des Bundes, nicht börsennotiert.

Cash management, computergestützte Gelddisposition von Unternehmen, auch Angebot von Banken an größere Unternehmen.

Clearing, › Abrechnungsverkehr.

Coupon, Kupon, Zins- oder Dividendenscheine von Wertpapieren. › Bogen.

Courtage, Gebühr des Börsenmaklers.

CpD, Konto pro Diverse, internes Konto der Bank, auf dem Vorgänge einstweilen festgehalten werden, bei denen die endgültige Buchung noch nicht feststeht.

Cross-selling, Versuch, einmal über eine Geschäftssparte angeknüpfte Verbindung auch für Geschäfte aus anderen Sparten zu nutzen.

Darlehen, in der Bankpraxis langfristiger, also mehr als vierjähriger Kredit mit festen Tilgungsvereinbarungen.

Dauerauftrag, wird von Banken übernommen, um die termingemäße Durchführung regelmäßig wiederkehrender Zahlungen sicherzustellen.

Depot, Depotkonto, Verwahrung von Wertpapieren eines Kunden bei seiner Bank.

Depotstimmrecht, Stimmrecht der Bank für von ihr verwahrte Aktien aufgrund Vollmacht des Kunden, die höchstens 15 Monate Gültigkeit hat.

Deutsche Bundesbank, die Bundesnotenbank mit ihren Hauptverwaltungen, den Landeszentralbanken. Unabhängig von Weisungen der Regierung. Hauptaufgabe Währungspolitik, daneben Abwicklung des Zahlungsverkehrs unter den Banken und mit dem Ausland. »Bank der Banken«.

Devisen, Ansprüche in fremder Währung an ausländischen Plätzen.

Devisenhandel, Handel in Devisen zu frei vereinbarten Kursen, hauptsächlich unter Banken, aber auch mit und zwischen Unternehmen, die laufend erhebliche Deviseneinnahmen haben.

Disagio, Damnum, Prozentsatz, um den sich Auszahlungskurs eines Darlehens vertragsgemäß vom Darlehensbetrag unterscheidet, Teil des › Effektivzinses. Auch: Abschlag vom Nominalwert bei der Emission von Wertpapieren. Gegensatz › Agio.

Diskont, Zins, der beim Ankauf einer noch nicht fälligen Forderung abgezogen wird. Hauptsächlich im › Wechselgeschäft.

Diskontsatz der Deutschen Bundesbank, der Satz zu dem die Bundesbank von den Geschäftsbanken im Rahmen von deren Diskontkontingenten Wechsel ankauft. Signalwirkung für den Geld- und Kapitalmarkt über diese Geschäfte hinaus.

Dividende, der auf die einzelne Aktie entfallende Teil des ausgeschütteten Gewinns.

Dividendenrendite, Verhältnis der Dividende zum Börsenkurs.

Durchlaufende Kredite, werden von der Bank treuhänderisch für eine dritte, meist öffentliche Stelle ausgereicht.

Ecu, European Currency Unit, offizielle Verrechnungseinheit im Europäischen Währungssystem, setzt sich aus einem »Korb« der verschiedenen europäischen Währungen zusammen, der jährlich neu festgelegt wird.

Effekten, Wertpapiere, Urkunden über Vermögensrechte, deren Ausübung vom Besitz der Urkunde abhängig ist (§ 1 DepotG). Ausnahme: Banknoten und Papiergeld.

Effekteneigengeschäft der Banken, Handel mit Effekten im eigenen Namen und für eigene Rechnung.

Effektenkommissionsgeschäft, Handel mit Effekten im eigenen Namen, aber für fremde Rechnung. Normalerweise im Auftrag von Kunden.

Effektenterminhandel, Börsenhandel mit Effekten, wenn beiderseitige Erfüllung erst zu festgesetztem Termin erfolgt. In der Bundesrepublik nur als › Optionsgeschäft zulässig.

Effektivverzinsung, Ertrag eines Wertpapiers oder Kosten eines Darlehens nach Abzug bzw. Hinzurechnung aller die Rendite bzw. die Kosten beeinflussenden Faktoren, das sind bei Wertpapieren z. B. neben den Ausschüttungen der Erwerbs- und ggf. Verkaufskurs, bei Darlehen neben dem Zins das Disagio, Bearbeitungsgebühr, evtl. Vermittlungsgebühr u. ä.

Eigener Wechsel, Solawechsel, Wechsel, mit dem der Aussteller sich selbst verpflichtet, also kein Bezogener vorhanden.

Eigentümergrundschuld, Grundschuld auf den Namen des Grundstückseigentümers. Meist › Briefgrundschuld, dann Möglichkeit, durch deren Abtretung Kredite zu sichern, ohne daß dies aus dem Grundbuch ersichtlich ist.

Eigentumsvorbehalt, Vorbehalt des Eigentums an verkaufter Ware durch Verkäufer bis zu vollständiger Bezahlung. Als verlängerter Eigentumsvorbehalt auf die aus dem Weiterverkauf der Ware entstehende Forderung erstreckt. Als erweiterter Eigentumsvorbehalt kann er alle jeweiligen Forderungen des Verkäufers aus laufender Geschäftsverbindung sichern.

Einlagen, Forderungen von Kunden oder Banken gegen ein Kreditinstitut, die dort mit Willen des Gläubigers auf einem auf dessen Namen lautenden Konto verbucht sind.

Einlagensicherung, Sicherungsfonds der drei großen Gruppen von Kreditinstituten zur Sicherung der Einlagen von Kunden für den Fall von Zahlungsschwierigkeiten eines Kreditinstituts.

Einschuß, bei Effektenkäufen auf Kredit der Betrag, der vom Kunden aus eigenen Mitteln aufzubringen, evtl. auch später wegen Absinkens des Wertes der Wertpapierdeckung nachzuschießen ist.

Einzugsermächtigung, › Lastschriftverfahren.

Emission, Ausgabe neuer Aktien oder Schuldverschreibungen. Kann den Vorgang an sich, aber auch eine bestimmte Ausgabe bedeuten. Ausgeber: Emittent, auch Begeber.

Erneuerungsschein, Talon, Teil des › Bogens bei Wertpapieren, der nach Verbrauch der › Coupons zum Bezug eines neuen Bogens berechtigt.

Eurocard, › Kreditkarte.

Eurocheque, Euroscheck, vereinheitlichtes Scheckformular zur Benutzung zusammen mit der Scheckkarte.

Eurocheque-Karte, von den meisten europäischen Banken an Kunden ausgegebene Karte, die in Verbindung damit ausgestellte Eurocheques bis zu einem in den einzelnen Ländern festgelegten Höchstbetrag, in der Bundesrepublik DM 400,–, garantiert. In Westeuropa und in den Ländern um das Mittelmeer, teilweise auch schon in Osteuropa akzeptiert.

Festgeld, Termingeld, Einlagen von Kunden bei Banken mit fester Laufzeit und fester Verzinsung.

Festverzinsliche Wertpapiere, Schuldverschreibungen, Wertpapiere mit mittel- bis langfristiger Laufzeit. Feste Verzinsung, Rückzahlung bei Fristablauf, soweit nicht › Auslosung vorher.

Finanzwechsel, Wechsel, denen kein Handelsgeschäft zugrunde liegt.

Fixen, Verkauf von Wertpapieren auf Termin, die Verkäufer noch nicht besitzt.

Fortlaufende oder variable Notierung, an der Börse für hierzu eigens zugelassene Werte vorgenommen, sobald Abschlüsse in einer Mindesthöhe zustande gekommen, also nicht erst bei Festsetzung der › Kassakurse.

Freiverkehrshandel, an der Börse Handel mit zur Börse, aber nicht zum amtlichen Börsenhandel zugelassenen Werten. Zulassungsbedingungen weniger streng als beim amtlichen Handel.

Fristentransformation, Refinanzierung von längerfristigen Ausleihungen mit kürzerfristigen Einlagen. In begrenztem Umfang als Zinsspekulation häufig vorkommend und Teil der › Gelddisposition. › Goldende Bankregel.

Garantie, Verpflichtung zum Einstehen für einen bestimmten Erfolg, dessen Nichteintritt den Garanten zum Schadenersatz verpflichtet. Weitergehend als › Bürgschaft.

Gelddisposition, hat die Aufgabe, die Mittel der Bank so zu disponieren, daß stets die erforderliche, aus Ertragsgründen möglichst jedoch keine höhere Liquidität (Zahlungsbereitschaft) vorhanden ist.

Geldhandel, Handel unter Banken und/oder sehr großen Unternehmen mit kurzfristig überschüssigen bzw. benötigten liquiden Mitteln.

Geldkurs, im Effekten- und Devisenhandel der Kurs, zu dem Nachfrage besteht. Gegensatz › Briefkurs.

Gemeinschaftskonto, Konto mit mehreren Kontoinhabern. Wegen Verfügungsberechtigung › Undkonto sowie › Oderkonto.

Gemischter Fonds, Investmentfonds, der sowohl in Aktien wie in Festverzinslichen investiert.

Geschäftsbanken, im Gegensatz zu › Spezialbanken solche Kreditinstitute, die alle Bankgeschäfte betreiben, meist jedoch außer dem Hypothekenbankgeschäft.

Geschlossener Immobilienfonds, Immobilienfonds, dessen Zertifikate nur zur Errichtung bzw. Erwerb bestimmter Immobilien ausgegeben werden. Sind diese finanziert, wird der Fonds geschlossen.

Gesellschaft mit beschränkter Haftung, GmbH, › Kapitalgesellschaft, an deren Gründung, Kapitalausstattung, Organisation und Publizität das Gesetz geringere Anforderungen stellt als an die › Aktiengesellschaft. Daher meist bei begrenztem Gesellschafterkreis.

Gewinnmitnahme, Verkauf von Wertpapieren, um erzielte Kursgewinne zu realisieren.

Gezogener Wechsel, enthält Zahlungsanweisung an einen Dritten, den Bezogenen, zugunsten des Wechselnehmers. Gegensatz › eigener Wechsel, Solawechsel.

Giralgeld, › Buchgeld.

Girogeschäft, › Zahlungsverkehr.

Girosammelverwahrung, gemeinsame Verwahrung von verschiedenen Kunden bei verschiedenen Banken in Verwahrung gegebener Effekten bei einer › Wertpapiersammelbank. Kunde erwirbt Miteigentumsanteil an Sammelbestand seiner Wertpapiergattung. Kunde muß hierfür schriftliche Ermächtigung gegeben haben. Sonst › Streifbandverwahrung (teurer).

Girozentralen, aus früherer, sehr viel begrenzterer Aufgabenstellung verbliebene Bezeichnung der › Landesbanken.

Goldene Bankregel, besagt, daß Einlagen grundsätzlich mit keiner längeren als derjenigen Befristung ausgeliehen werden sollen, mit der sie hereingenommen wurden. › Fristentransformation. › Gelddisposition.

Goldene Finanzierungsregel, danach sollten bei der Finanzierung von Unternehmen langfristige Aktiva (Anlagevermögen, Beteiligungen, langfristige Ausleihungen) durch langfristige Passiva (Eigenkapital, langfristiges Fremdkapital) gedeckt sein.

Goldhandel, von den meisten Banken als Nebengeschäft betrieben, Handel mit echten, jedoch außer Kurs gesetzten Goldmünzen, Nachprägungen solcher Münzen, Goldmünzen, die noch gesetzliches Zahlungsmittel sind (Südafrika, Kanada, USA, UdSSR), Barrengold, › Goldzertifikaten, goldenen Gedenkmedaillen, meist von privaten Herstellern.

Goldzertifikate, verbriefen Anspruch auf Lieferung einer bestimmten Goldmenge festgelegter Feinheit bei einem bestimmten Institut an namentlich genannten Inhaber.

Gratisaktien, entstehen durch Umwandlung von Rücklagen in Grundkapital, werden an Aktionäre im Verhältnis ihrer Beteiligung an letzterem ausgegeben; kein Geschenk, da Rücklagen mit Eigenkapitalcharakter den Aktionären ohnehin gehören.

Grundpfandrechte, im Bankgeschäft › Hypotheken und › Grundschulden, beide Pfandrechte an Grundstücken oder Erbbaurechten. › Kreditsicherheiten.

Grundschuld, Grundpfandrecht, das Bestehen einer Forderung des Pfandgläubigers nicht voraussetzt, daher besonders zur Sicherung wechselnder oder zukünftiger Forderungen geeignet.

Haben, im Bankverkehr Bezeichnung für Buchungen von Gutschriften auf dem Konto eines Kunden. Gegensatz › Soll.

Habenzinsen, die von den Banken für Einlagen vergüteten Zinsen.

Handelswechsel, Wechsel, denen ein echtes Waren- oder Dienstleistungsgeschäft zugrunde liegt. Gegensatz › Finanzwechsel.

Hausse, nach oben gerichtete Börsentendenz, › bull market. Gegensatz › Baisse, › bear market.

Hypothek, › Grundpfandrecht zur Sicherung eines Hypothekendarlehens, setzt Darlehensforderung voraus. Wegen komplizierterer Handhabung weniger benutzt als die › Grundschuld.

Hypothekengeschäft, nach strengen gesetzlichen Regeln erfolgende Ausreichung durch Grundpfandrechte gesicherter langfristiger Darlehen, refinanziert bei den Sparkassen durch Spareinlagen, bei den Hypothekenbanken durch Ausgabe von › Pfandbriefen.

Immobilienfonds, › Investmentfonds, die in Immobilien investieren.

Individualfonds, › Investmentfonds, die für einen Großanleger (meist Versicherungen oder Pensionskassen) aufgelegt und meist im Einverständnis mit diesem verwaltet werden.

Indossament, Giro, auf › Orderpapieren Erklärung, durch die Eigentum an und Recht aus dem Papier auf Dritten übertragen wird. Auch blanko, also ohne Namensnennung des Begünstigten. In der Regel Haftung gegenüber dem Nehmer und Regreßanspruch gegen vorgehende Indossanten.

Inhaberpapiere, Wertpapiere, aus denen der jeweilige Inhaber berechtigt ist. Gegensatz › Namenspapiere.

Interne Konten, alle für interne Zwecke der Bank, also nicht auf den Namen Außenstehender geführten Konten.

Investmentanteile, Investmentzertifikate, verbriefen Bruchteilsanteile an Sondervermögen einer › Kapitalanlagegesellschaft. Kein Nennwert, kein Börsenkurs, Ausgabe- und Rücknahmepreis täglich nach dem Wert des Fondsvermögens errechnet.

Investmentfonds, Sondervermögen einer › Kapitalanlagegesellschaft, nach festgelegten Anlagebedingungen verwaltet und bruchteilsweise in Zertifikaten zum Kauf angeboten. Gesellschaften verwalten Fonds mit unterschiedlichen Zielen.

Investment Banking, zunehmend auch in Deutschland Sparte des Bankgeschäfts, die sich mit Kapitalbeschaffungsmaßnahmen, also Aktienemissionen, Börseneinführungen, Umwandlungen, Fusionen u. ä. befaßt.

Junge Aktien, bei Kapitalerhöhungen ausgegebene neue Aktien werden solange so genannt, wie sie sich hinsichtlich Gewinnberechtigung (oft nur für Teil des Ausgabejahres) von den »alten« Aktien unterscheiden.

Kapitalanlagegesellschaft, Investmentgesellschaft, Unternehmen, das bei ihm eingelegtes Geld nach festgelegten Grundsätzen als Sondervermögen anlegt und über die Anteile hieran Zertifikate ausstellt und vertreibt.

Kapitalerhöhung, Erhöhung des Grundkapitals einer Aktiengesellschaft oder GmbH. Beschluß der Hauptversammlung bzw. Gesellschafterversammlung nach Maßgabe der Satzung nötig.

Kapitalgesellschaft, Gesellschafter haften nur mit ihrer Kapitaleinlage, nicht ihrem Privatvermögen. Eigene Rechtspersönlichkeit (»juristische Person«). In Deutschland Hauptformen Aktiengesellschaft (AG) und Gesellschaft mit beschränkter Haftung (GmbH). Gegensatz › Personengesellschaft.

Kapitalsammelstellen, Unternehmen, die laufend Kapital ansammeln und anlegen, z. B. Pensionskassen, Sozialversicherungsträger, Versicherungen.

Kassakurs, an der Börse festgestellter Kurs für Abschlüsse unter Mindeststückzahl (meist 50). Gegensatz: › Fortlaufende Notierung.

Kommunalanleihen, Anleihen, die Kommunen oder kommunale Zweckverbände direkt am Kapitalmarkt aufnehmen und durch › Schuldverschreibungen verbriefen.

Kommunaldarlehen, mittel- oder langfristige, durch › Kommunalschuldverschreibungen refinanzierte Darlehen an Gebietskörperschaften, auch an Wirtschaftsunternehmen, falls Tilgung und Verzinsung durch öffentliche Hand garantiert.

Kommunalobligationen, Schuldverschreibungen von Realkreditinstituten zur Refinanzierung von Kommunaldarlehen.

Konditionen, Bedingungen, zu denen Banken ihre Geschäfte abwickeln, allgemein gültige und individuell vereinbarte.

Konsortialgeschäfte, von mehreren Banken gemeinsam, meist unter einer Bank als Konsortialführer, getätigt. Zweck: Teilung des Risikos und/oder der Liquiditätsbelastung, im Emissionsgeschäft auch verbesserte Plazierungsmöglichkeit.

Konsumentenkredite, in der Regel im standardisierten › Massengeschäft zur Finanzierung des privaten Verbrauchs.

Kontokorrentkredit, auf laufendem Konto ausgereicht, Ausnutzung durch Verfügung und Gutschriften wechselnd, kurzfristige Zusage, daher auch nur zur Finanzierung kurzfristigen, der Höhe nach wechselnden Bedarfs geeignet.

Konto pro Diverse, › CpD.

Kontoüberziehung, Entstehen von Sollsalden auf laufendem Konto ohne Kreditzusage oder über diese hinaus.

Korrespondenzbanken, ausländische Banken, mit denen inländische Kreditinstitute laufend zusammenarbeiten, z. B. im grenzüberschreitenden Zahlungsverkehr.

Kredit, Oberbegriff für die Formen, in denen Banken im Vertrauen auf die Haftung eines Kunden Geldmittel, Leistungen oder auch ihre eigene Haftung zur Verfügung stellen.

Kreditauftrag, Auftrag, jemandem Kredit zu gewähren, wofür Auftraggeber dem Beauftragten wie ein Bürge haftet.

Kreditauskunft, von Banken zur Beurteilung der Bonität eines Kunden oder Nichtkunden von anderen Banken oder Auskunfteien eingeholt.

Kreditinstitute, nach § 1 KWG (Kreditwesengesetz) Unternehmen, die Bankgeschäfte betreiben, wenn der Umfang dieser Geschäfte einen in kaufmännischer Weise eingerichteten Geschäftsbetrieb erfordert.

Kreditkarte, Berechtigungsausweis, gegen dessen Vorlage Inhaber in angeschlossenen Vertragsunternehmen ohne Barzahlung kauft oder Dienstleistungen in Anspruch nimmt. Vertragsunternehmen erhält Zahlung vom Kreditkarteninstitut, das die Beträge (meist) monatlich über Bankkonto des Karteninhabers einzieht. In der Bundesrepublik: American Express, Eurocard, Diners Club, Visa.

Kreditkosten, neben den Zinsen alle sonstigen Kosten einer Kreditgewährung, wie Provisionen, Buchungsgebühren, Barauslagen, Schätzkosten.

Kreditlimit, Kreditlinie, Betrag, bis zu dem Kunde vereinbarungsgemäß Kredit in Anspruch nehmen kann.

Kreditoren, Gläubiger, bei Banken die Einlegerkundschaft.

Kreditprovision, Entgelt für Bereitstellung eines Kredits, meist nur aus nicht in Anspruch genommener Linie berechnet.

Kreditsicherheiten, im Bankgeschäft Grundpfandrechte und sog. mobile Sicherheiten. Hauptformen der letzteren Sicherungsübereignung, Abtretung von Forderungen, Verpfändung von Wertpapieren und Bürgschaften.

Kreditwürdigkeit, Begriff für die persönlichen Eigenschaften, die die Bank als Voraussetzung einer Kreditgewährung ansieht. Urteil darüber unvermeidlich subjektiv.

Krügerrand, südafrikanische Goldmünze, sehr geringes Aufgeld gegenüber dem Goldwert.

Kulisse, Personen, die regelmäßig für eigene Rechnung und berufsmäßig am Börsenhandel teilnehmen.

Kundeneinlagen, alle Einlagen bei Banken, die nicht von anderen Banken stammen.

Kurs, durch Angebot und Nachfrage gebildeter Preis für Wertpapiere oder Devisen.

Kurs-Gewinn-Verhältnis › price-earning-ratio.

Kursmakler, amtlich bestellte Börsenmakler, die an der Feststellung von Börsenkursen mitwirken.

Kurspflege, an der Börse Intervention von Emittenten oder (meist in deren Auftrag) Banken mit dem Ziel, durch Käufe oder Verkäufe Schwankungen des Kurses eines bestimmten Papiers zu begrenzen.

Kurssicherung (engl. hedging), Terminkäufe- oder Verkäufe von Devisen, um für Forderungen oder Schulden in fremder Währung feste Kalkulationsbasis in der eigenen zu schaffen.

Landesbanken, öffentlich-rechtliche Kreditinstitute, deren Kapitaleigner und Gewährträger Bundesländer und/oder Sparkassenorganisationen sind.

Landeszentralbanken, Hauptverwaltungen (Niederlassungen) der › Deutschen Bundesbank in den einzelnen Ländern.

Langfristiger Kredit, Kredit mit einer Befristung von mehr als vier Jahren.

Lastschriftverfahren, Verfahren, bei dem Gläubiger (meist) regelmäßig wiederkehrender Zahlungen diese mit schriftlicher, jederzeit widerruflicher Ermächtigung des Schuldners, aber ohne dessen Mitwirkung über seine eigene Bank bei der Bank des Schuldners von dessen Konto einzieht.

Laufendes Konto, Kontokorrentkonto, Bankkonto eines Kunden, über das laufend Aus- und Eingänge gebucht werden. Guthabenverzinsung meist 1/2 % oder auch gar nicht.

Leasing, Form der Finanzierung von Anlagegütern. Leasinggesellschaft erwirbt oder erstellt Anlagegut nach den Bedürfnissen des Unternehmers = Leasingnehmers und vermietet/verpachtet an diesen. Vorteil: Liquidität des Unternehmers geschont. Nachteil: Kosten höher als bei konventioneller Investitionsfinanzierung. Analyse der Bilanz des Leasingnehmers erschwert.

Legitimationsprüfung, durch Kreditinstitut bei Eröffnung eines Kontos, gesetzlich vorgeschrieben in Deutschland, da Konten auf fingierte Namen nicht geführt werden dürfen.

Limit, im Effektengeschäft bei Kauf- oder Verkaufaufträgen der Kurs, dessen Über- bzw. Unterschreitung der Auftraggeber untersagt. › Kreditlimit.

Lombardkredit, Bankkredit gegen Verpfändung von Wertpapieren oder Edelmetallen. Satz für von der Bundesbank den Geschäftsbanken eingeräumte L. ist Instrument der Währungspolitik.

Mantel, der Teil eines Wertpapiers, der das Recht verbrieft. Gegensatz › Bogen.

Maple Leaf, kanadische Goldmünze, geringes Aufgeld gegenüber dem Goldwert.

Marge, im Kreditgeschäft Differenz zwischen Soll- und Habenzinsen, auch Spanne genannt.

Massengeschäft, Mengengeschäft, weitgehend standardisiertes Einlagen- und Ausleihungsgeschäft mit kleineren Bankkunden.

Metageschäft, stille, also dem Kunden nicht offengelegte Unterbeteiligung einer Bank an einem Geschäft einer anderen Bank.

Mindestreserve, Prozentsatz der Einlagen, den jedes Kreditinstitut nach § 16 Bundesbankgesetz zinslos bei der Bundesbank anlegen muß. Instrument der Währungspolitik, da Einfluß auf Liquidität der Banken und Rentabilität ihres Einlagengeschäfts.

Moratorium, vereinbarter oder verfügter (bei Staaten) Zahlungsaufschub für einen Schuldner gegenüber allen Gläubigern, mitunter auch für bestimmte Kategorien von Forderungen.

Nachttresor, Tresor, in den Bankkunden auch außerhalb der Geschäftsstunden Geld, Schecks und Wechsel zur Gutschrift auf ihr Konto am folgenden Geschäftstag einlegen können.

Namensaktie, Aktie auf den Namen einer Person, eingetragen im Aktienbuch der AG. In den USA häufig, in Deutschland selten.

Namenspapiere, Wertpapiere auf den Namen einer Person, der (oder deren ausgewiesenen Rechtsnachfolgern) das Recht aus dem Papier zusteht. Gegensatz › Inhaberpapiere.

Negativrevers, Verpflichtung eines Kreditnehmers gegenüber Gläubiger, während der Dauer der Kreditgewährung sein Vermögen oder Teile davon nicht zugunsten anderer zu belasten oder zum Nachteil des Gläubigers zu veräußern oder auch, keine weiteren Kredite bei Dritten aufzunehmen.

Nettosatz, Nettozins, bei Kontokorrentkrediten Zinssatz, neben dem keine Bereitstellungs- oder Umsatzprovision gerechnet wird.

Nominalkapital, satzungsmäßiges Grund- oder Stammkapital einer › Kapitalgesellschaft.

Nominalzins, bei Schuldverschreibungen der zugesicherte Zins, bezogen auf den Nennbetrag des Papiers. Bei Darlehen der Zins ohne Berücksichtigung von Nebenkosten, z. B. › Disagio. Gegensatz › Effektivzins.

Nummernkonten, Konten, deren Inhaber entweder (Schweiz) nur einem begrenzten Kreis von Bankangehörigen oder (Österreich) niemandem in der Bank bekannt ist. In der Bundesrepublik verboten.

Obligation, festverzinsliches Wertpapier.

Oder-Konto, Oder-Depot, Konto bzw. Depot, bei dem von mehreren Inhabern jeder allein verfügen kann. Gegensatz › Und-Konto.

Öffentliche oder öffentlich-rechtliche Banken, alle Kreditinstitute, die in Rechtsformen des öffentlichen Rechts, also als Anstalten oder Körperschaften des öffentlichen Rechts organisiert sind, also Landesbanken, Sparkassen, bestimmte Grundkreditanstalten (z. B. Deutsche Pfandbriefanstalt).

Offener Immobilienfonds, Fonds, bei dem Kreis der Zertifikatinhaber nicht begrenzt ist und Zertifikate zu (täglich) bekanntgemachtem Rücknahmepreis zurückgenommen werden.

Optionsanleihe, Anleihe, bei der mit der Schuldverschreibung ein Optionsschein verbunden ist, der dazu berechtigt, innerhalb bestimmter Zeit zu festgesetztem Preis Aktien des Emittenten zu erwerben. Optionsschein meist auch unabhängig von Schuldverschreibung handelbar.

Optionsgeschäft, Handel in Rechten auf Lieferung (Kauf.-O.) oder Abnahme (Verkaufs-O.) von Wertpapieren zu festem Preis innerhalb bestimmter Zeit.

Orderpapiere, Wertpapiere, bei denen Eigentum am und Recht aus dem Papier durch Erklärung auf dem Papier (› Indossament) und Übergabe übertragen werden.

Pakethandel, Handel mit Aktienpaketen, also namhaften Teilen des Bestandes einer bestimmten Aktie, meist außerhalb der Börse. Je nach Interessenlage gibt es Paketzuschläge oder Paketabschläge.

Pari, »zu pari« heißt, daß Kurs eines Wertpapiers dem Nennwert entspricht.

Passivgeschäft, die Beschaffung aller Fremdmittel, mit denen eine Bank arbeitet; auf der Passivseite der Bilanz verbucht. Gegensatz › Aktivgeschäft.

Patronatserklärung, Erklärung einer Muttergesellschaft, eine Tochtergesellschaft so ausstatten zu wollen, daß sie den in der P. genannten Verpflichtungen genügen kann. Als »harte P.« rechtsverbindlich und einer › Bürgschaft ähnlich, als »weiche P.« allenfalls moralische Bedeutung.

Pensionsgeschäft, Vereinbarung, durch die Werte, meist Wertpapiere, vom Pensionsgeber auf den Pensionsnehmer gegen Entgelt und mit der Verpflichtung übertragen werden, diese zu einem bestimmten Zeitpunkt zu einem im voraus festgelegten Preis zurückzunehmen.

Per annum, pro anno, abgekürzt »p. a.«, Fachausdruck für jährlich gerechnete Zinsen oder Gebühren. Beispiel: 7 % p. a. = 7 % Jahreszins.

Personalgesellschaften, Personengesellschaften, Handelsgesellschaften ohne eigene Rechtspersönlichkeit, bei denen einzelne (Kommanditgesellschaft) oder alle (Offene Handelsgesellschaft) Gesellschafter persönlich, also mit ihrem gesamten Vermögen haften.

Pfandbriefe, von Realkreditinstituten zur Refinanzierung ihres › Hypothekengeschäfts begebene festverzinsliche Wertpapiere.

Portefeuille, Bestand einer Bank an Wertpapieren bzw. Wechseln.

Postgiroämter, Einrichtung der Post zur Abwicklung des unbaren Zahlungsverkehrs im Wettbewerb mit den Kreditinstituten.

Postsparkasse, Einrichtung der Post, mit der diese im Wettbewerb mit den Kreditinstituten das Spargeschäft betreibt.

Preisangabeverordnung, verpflichtet die Kreditinstitute, bei bestimmten (langfristigen) Krediten die › Effektivverzinsung anzugeben.

Price-earning-ratio, Kurs-Gewinn-Verhältnis, Verhältnis des Jahresgewinns pro Aktie zu deren Börsenkurs. Wichtiger Indikator für Bewertung von dessen Angemessenheit.

Privatbankiers, in der Rechtsform der Einzelfirma oder der Personengesellschaft betriebene, meist kleinere Banken, ursprünglich meist Familienunternehmen. Heute nur noch geringe Zahl von P., häufig im Mehrheitsbesitz größerer Banken. Einzelne P. auf Spezialgebieten noch von großer Bedeutung.

Prolongation, Verlängerung eines Kredits oder Wechsels.

Prospekt, vorgeschriebene Bekanntmachung über den Emittenten bei Einführung von Wertpapieren an der Börse.

Prospekthaftung, Haftung von Emittent und Konsortialbanken für die Angaben im › Prospekt.

Publikumsfonds, Investmentfonds, deren Anteile von jedermann erworben werden können. Gegensatz › Spezialfonds

Publikumsgesellschaft, Aktiengesellschaft mit breit gestreutem Aktienkapital, ohne beherrschenden Großaktionär.

Ratenkredite, alle regelmäßig zu tilgenden Kredite, speziell für › Konsumentenkredite.

Rating, Einstufung von Unternehmen nach ihrer Bonität. In USA rating agencies (Standard & Poors, Moody's), die international großes Ansehen genießen. In verschiedenen deutschen Banken EDV-gestützte Systeme zur Verbesserung der Struktur des Kreditgeschäfts.

Realkredit, auf Grundpfanddeckung aufgebauter langfristiger Kredit, › Hypothekengeschäft.

Rediskont, Weiterverkauf von Banken angekaufter (diskontierter) Wechsel an die Deutsche Bundesbank innerhalb individuell festgelegter Kontingente zu jeweils öffentlich bekanntgemachtem Satz. Letzterer vor allem wegen seiner Signalwirkung, die Höhe der Kontingente wegen ihrer Auswirkung auf die Liquiditätslage der Banken wichtige Instrumente der Geldpolitik der Bundesbank.

Refinanzierung, Beschaffung von Mitteln für das › Aktivgeschäft der Banken. › Passivgeschäft.

Reiseschecks, Traveller Cheques, Verpflichtung eines Kreditinstituts, den Scheckbetrag (DM oder ausländ. Währung) an Einreicher zu zahlen. Da auf Namen lautend, Verlustrisiko geringer als bei Bargeld. Innerhalb Europas Bedeutung durch › Eurocheque, international durch › Kreditkarten gesunken.

Reitwechsel, › Finanzwechsel, die von zwei Partnern aufeinander gezogen werden, um durch Diskontierung billige Liquidität zu erhalten. Auch als Ringgeschäft mit mehreren Partnern. In der Regel Betrug gegenüber der Bank.

Rendite, › Effektivverzinsung.

Rentenfonds, › Investmentfonds, der nur in › festverzinslichen Papieren anlegt.

Rentenmarkt, der Markt für › festverzinsliche Wertpapiere.

Rentenpapiere, Rentenwerte, › festverzinsliche Wertpapiere.

Rentenschuld, › Grundpfandrecht, bei dem das Grundstück nicht für einen Betrag, sondern für wiederkehrende Zahlungen haftet. Selten.

Repartierung, beschränkte Zuteilung oder beschränkte Absatzmöglichkeit von Wertpapieren wegen im einen Fall zu großer, im anderen zu geringer Nachfrage.

Restschuldversicherung, Versicherung, die bei Tod, mitunter auch Arbeitsunfähigkeit des Kreditnehmers die Restschuld aus einem Kredit abdeckt.

Roll-over-Kredit, Kredit mit fester Laufzeit ohne Ratentilgung, bei dem der Zins in vorher vereinbarten Abständen, meist halb- oder vierteljährlich, dem Markt angepaßt wird, mitunter auch bei fester Bezugsgröße.

Rückscheck, Scheck, den die bezogene Bank der einreichenden Bank uneingelöst zurückgibt, meist wegen mangelnder Deckung.

Rückwechsel, Wechsel, den die darin als Domizilstelle genannte Bank der einreichenden Bank uneingelöst zurückgibt.

Saisonkredit, › Kontokorrentkredit zur Überbrückung saisonal auftretenden Bedarfs in den verschiedenen Branchen, etwa bei Spielzeug- und Süßwarenproduktion für Weihnachten.

Saldo, im Bankgeschäft der Kontostand im Soll oder Haben auf dem Konto eines Kunden.

Sammelverwahrung, › Girosammelverwahrung.

Schachtelbeteiligung, Beteiligung von über 25 % an › Kapitalgesellschaft.

Schatzanweisungen, kurz- oder mittelfristige › Schuldverschreibungen öffentlicher Stellen, meist sog. U-Schätze, › Abzinsungspapiere.

Scheck, in gesetzlich vorgeschriebener Form erteilte Anweisung an ein Kreditinstitut, dem Begünstigten bzw. Inhaber des Schecks aus Guthaben (oder Kreditlinie) des Ausstellers einen bestimmten Betrag zu zahlen.

Scheckkarte, › Eurocheque.

Scheckreiterei, analog Wechselreiterei, › Reitwechsel.

Schecksperre, für Bank erst nach Vorlegungsfrist von acht Tagen verbindlich.

Schufa, Gemeinschaftseinrichtung (Auskunftei) der Kreditwirtschaft, die die Mitglieder vor Verlusten bei › Konsumentenkrediten schützen soll.

Schufa-Klausel, nach Datenschutz erforderliche Erklärung eines Bankkunden, durch die dieser der Weitergabe seiner Daten an die › Schufa zustimmt.

Schuldbuchforderungen, Forderungen gegen den Bund oder ein Land, die durch Eintragung in ein besonderes Schuldbuch beurkundet werden.

Schuldscheindarlehen, langfristige Darlehensaufnahme größeren Umfangs, Darlehensgeber meist › Kapitalsammelstellen, keine Börseneinführung, daher Emissionskosten niedriger als bei › Anleihe. Nur erste › Adressen als Darlehensnehmer.

Schuldverschreibung, Obligation, › Wertpapier, das in der Regel langfristige Forderung gegen den Aussteller (Emittenten) verbrieft, meist auf Inhaber lautend. Einführung an der Börse möglich, aber nicht zwingend.

Schulsparen, › Spargeschäft mit Schülern (meist) der Grundschulen mit Hilfe der Lehrer. De facto Monopol der Sparkassen, für diese wertvoll als Akquisitionsinstrument.

Selbstschuldnerische Bürgschaft, Bürge hat auf die Einrede der Vorausklage gegen den Hauptschuldner verzichtet. Gläubiger kann ihn daher bei Fälligkeit neben und sogar vor diesem in Anspruch nehmen.

Sicherungsübereignung, › Kreditsicherheit im Bankgeschäft. Sicherungsgeber überträgt Bank Eigentum an Sicherungsgut, das jedoch in seinem Besitz bleibt und von ihm weiter genutzt werden darf, mitunter unter Auflagen, z. B. Sachversicherung.

Sicherungszession, Sicherungsabtretung von Forderungen, › Kreditsicherheit. In der Regel bleibt Sicherungsgeber zu Einzug widerruflich ermächtigt, bei »stiller« Zession wird, ebenfalls widerruflich, auf Benachrichtigung des Schuldners der abgetretenen Forderungen (Drittschuldner) verzichtet.

Sichteinlagen, Guthaben auf › Kontokorrentkonto, die jederzeit abdisponiert werden können. Billigste, aber auch unsicherste › Refinanzierung der Banken.

Sichtwechsel, › Wechsel ohne Verfalldatum, der bei Vorlage fällig wird.

Solawechsel, eigener Wechsel, › Wechsel, in dem der Aussteller nur sich selbst verpflichtet; also kein Bezogener.

Soll, Buchung, mit der das Konto eines Bankkunden belastet wird. Gegensatz › Haben.

Sollzinsen, Zinsen, die Kunde an Bank für Inanspruchnahme von Kredit zu zahlen hat.

Sorten, ausländisches Bargeld, soweit noch gesetzliches Zahlungsmittel im Ursprungsland.

Sparbriefe, Form der Geldanlage mit in der Regel ein- bis sechsjähriger Befristung bei festem Zins, dieser meist zwischen den Sätzen für Spareinlagen und denjenigen für Schuldverschreibungen liegend.

Sparbuch, von Kreditinstituten dem Inhaber einer Spareinlage ausgestellt. »Hinkendes Inhaberpapier«, d. h. Bank kann, muß aber nicht an jeden Vorleger auszahlen.

Spareinlagen, der Vermögens- oder Reservenbildung dienende Einlagen, über die Urkunde ausgestellt ist. S. mit gesetzlicher Kündigungsfrist von grundsätzlich drei Monaten; bis zu DM 2000,– innerhalb 30 Tagen. In der Praxis meist höhere Verfügungen ohne Problem. S. mit vereinbarter Kündigungsfrist (ein bis vier Jahre) höher verzinslich. Beide Formen sehr wichtig als › Refinanzierung des › Aktivgeschäfts der Banken.

Stammaktien, die voll stimmberechtigten Aktien einer › Aktiengesellschaft.

Stammkapital, das Einlagenkapital laut Gesellschaftsvertrag bei einer › Gesellschaft mit beschränkter Haftung. Mindestbetrag DM 50.000,–.

Stimmrechtslose Vorzugsaktien, ohne Stimmrecht in der Hauptversammlung, jedoch mit gegenüber den › Stammaktien höherer Dividendenberechtigung.

Stop-loss-order eines Kunden beauftragt die Bank, ein Papier bei Unterschreitung eines bestimmten Kurses zu verkaufen.

Storno, Rückgängigmachung einer Buchung oder eines Geschäfts.

Streifbandverwahrung, Verwahrungsart im Depotgeschäft. Die Effekten jedes Kunden werden gesondert aufbewahrt. Dieser behält volles Eigentum an den Stükken. Teurer als › Sammelverwahrung.

Tägliches Geld, wird dem Nehmer auf unbestimmte Zeit zur Verfügung gestellt. Rückgabe kann von beiden Seiten zum nächsten Tag verlangt werden. Ganz überwiegend im Geldhandel zwischen Banken, selten auch an allererste Industrieadressen.

Tafelgeschäft, Verkauf oder Ankauf von Wertpapieren am Bankschalter bei körperlicher Übergabe der Stücke.

Tagesgeld, im Geldhandel zwischen Banken, am folgenden Tag zurückzugeben, falls nicht verlängert.

Talon, › Erneuerungsschein.

Tantieme, Gewinnbeteiligung von Führungskräften.

Technologiefonds, › Investmentfonds, der ganz oder überwiegend in Aktien von Unternehmen mit hoch entwickelter Technologie anlegt.

Teilzahlungsgeschäft, Teilzahlungskredite, Sonderform des Kreditgeschäfts, speziell des › Massengeschäfts, früher nur von Spezialinstituten, heute von allen Geschäftsbanken betrieben.

Termineinlagen, Termingelder, befristete Kundeneinlagen bei Banken, meist auf ein bis sechs Monate.

Termingeschäfte, im Wertpapier- und Devisengeschäft Kontrakte, die zu einem späteren, festen Zeitpunkt, aber zu von vornherein feststehendem Preis zu erfüllen sind. › Kurssicherung. Auch im Warenhandel vorkommend.

Thesaurierender Fonds, › Investmentfonds, der Erträge nicht ausschüttet, sondern laufend wieder anlegt.

Tratte, gezogener, also auf einen Bezogenen lautender › Wechsel, der vom Bezogenen (noch) nicht akzeptiert ist.

Überbringerklausel, Zusatz »oder Überbringer« auf den Scheckformularen der deutschen Banken. Scheck wird dadurch Inhaberpapier, die Bank ist der Prüfung der Legitimation des Vorlegers enthoben.

Überweisung, neben › Scheck und › Lastschrift Instrument des › unbaren Zahlungsverkehrs von Bankkonto zu Bankkonto. Auch als Dauerauftrag an die Bank, zu bestimmten Terminen regelmäßig geschuldete Zahlungen durchzuführen.

Ultimo, Bankausdruck für den letzten Tag eines Monats, Quartals, Halbjahres, Jahres.

Unbarer Zahlungsverkehr, Bewegung von › Buchgeld vom Konto des Zahlenden auf das des Zahlungsempfängers.

Und-Konto, Und-Depot, Konto bzw. Depot mit mehreren Inhabern, die darüber nur gemeinsam verfügen können. Gegensatz › Oder-Konto.

Universalbanken, Kreditinstitute, die mit Ausnahme des Hypothekenbankgeschäfts alle Bankgeschäfte betreiben. In Deutschland vorherrschend, in angelsächsischen Ländern und Japan Effekten- und Depotgeschäft sowie › Investment Banking durch eigene Institute. Auch dort Tendenz zur U., zunächst durch Übernahmen von Spezialbanken durch Geschäftsbanken.

Unnotierte Werte, Wertpapiere, die nicht in die amtliche Kursfeststellung an der Börse einbezogen sind, gehandelt im sogenannten Freiverkehr oder per Telefon.

Unterbeteiligung, im Kreditgeschäft Beteiligung einer Bank an Kredit einer anderen. Formen: »Offen«, d. h. dem Kunden angezeigt, »still«, also ohne Wissen des Kunden; nur als Beteiligung am Risiko oder mit Beisteuerung auch von Liquidität. Zweck Teilung von Risiko und/oder Liquiditätsbelastung.

Usance, verbindlicher Handelsbrauch, vor allem in Börsen- und Außenhandelsgeschäft, vielfach auch schriftlich festgelegt.

Valuta, Geldbetrag eines Kredits, auch Bezeichnung für fremde Währung.

Valutierung, im Kreditgeschäft Auszahlung der › Valuta, im Zahlungsverkehr auch für › Wertstellung.

Variable Notierung, bei bedeutenden Unternehmen Kurse an der Börse nicht nur einmal, sondern jeweils bei Abschlüssen von 50 Stück oder einem Mehrfachen davon notiert.

Venture Capital, Wagniskapital, Schlagwort für Beschaffung von Eigenkapital bei noch jungen, wachstumsträchtigen, aber kapitalarmen Unternehmen. Meist durch Spezialinstitute unter Beteiligung von Banken, auch von Industrieunternehmen, die Zugang zu neuen Technologien suchen, sowie von staatlichen Stellen.

Verbundfinanzierung, »Finanzierung aus einer Hand« bei der Baufinanzierung, wenn Hausbank die gesamte Finanzierung eines Projekts bereitstellt bzw. von › Realkreditinstituten besorgt und in einheitliches Angebot einbindet.

Verlosung, › Auslosung.

Vermögensverwaltung, früher Dienstleistung vor allem von Privatbankiers, heute auch der meisten › Universalbanken, hier meist über Tochtergesellschaften. Im Prinzip für alle Arten von Vermögen je nach den mit dem Kunden getroffenen Vereinbarungen, allerdings unter Berücksichtigung von Mindestwerten zwischen DM 500.000,– und DM 100.000,–.

Verrechnungsscheck, auf einen Scheck gesetzter Vermerk »Zur Verrechnung« bedeutet, daß bezogene Bank Scheckbetrag an Vorleger nicht bar auszahlen, sondern nur einem Konto gutschreiben darf. Sicherheitsmaßnahme gegen Mißbrauch, weil sich feststellen läßt, wer Scheckbetrag erhalten hat.

Verschlossenes Depot, Verwahrungsgeschäft, bei dem Kunde der Bank Wertgegenstände verpackt, versiegelt oder verschlossen zur Aufbewahrung in deren Tresor übergibt.

Vorfinanzierung, kurzfristiger Kredit zur vorläufigen Finanzierung von Investitionen bis zur Auszahlungsreife der langfristigen Endfinanzierung, mitunter bis zur Erreichung (erhofften) niedrigeren Zinsniveaus für diese.

Vorschußzinsen, zahlt Sparer bei Abhebung von Sparguthaben ohne Einhaltung der Kündigungsfrist für die Restlaufzeit.

Vorzugsaktien, Aktien, die nach den Ausgabebedingungen im Vergleich mit den › Stammaktien abweichende Behandlung erfahren, im Prinzip gleich welche. Am meisten vorkommend › stimmrechtslose Vorzugsaktien.

Währungskonto, auf ausländische Währung lautendes Konto.

Währungskredit, Kredit in ausländischer Währung.

Wagnisfinanzierung, › Venture Capital.

Wandelanleihen, die darüber ausgestellten Schuldverschreibungen berechtigen den Inhaber zum Umtausch in Aktien des Emittenten innerhalb eines bestimmten Zeitraums zu einem bestimmten Kurs.

Warenwechsel, › Wechsel, der ein Warengeschäft finanziert. Gegensatz › Finanzwechsel.

Wechsel, formstrenge Zahlungsanweisung des Ausstellers an den Bezogenen, an einem bestimmten Tag gegen Vorlage des Wechsels einen bestimmten Betrag an dessen in den Formen des Wechselrechts legitimierten Inhaber zu zahlen. Durch › Diskontierung Instrument der Finanzierung von Waren- oder Dienstleistungsgeschäften.

Wechseldiskontkredit, Zusage an Bankkunden, innerhalb von dessen Geschäftsbetrieb anfallende Wechsel (› Handelswechsel) bis zur Kreditgrenze zu diskontieren (anzukaufen). Konditionen meist nicht von vornherein festgelegt, sondern nach Marktlage wie auch der Qualität des angebotenen Materials jeweils ausgehandelt.

Wechselobligo, der Gesamtbetrag der seitens der Bank von einem Kunden angekauften, von den jeweiligen Bezogenen noch nicht eingelösten Wechsel (Einreicherobligo). Oder: der Gesamtbetrag der seitens der Bank von beliebigen Einreichern angekauften, von demselben Bezogenen akzeptierten Wechsel (Bezogenenobligo).

Wertpapiere, Urkunden, die ein Recht verbriefen, das nur mit der Urkunde zusammen übertragen und nur von deren Inhaber geltend gemacht werden kann.

Wertpapierkredit, Effektenkredit, Kredit, der auf Sicherstellung durch Verpfändung von Effekten aufgebaut ist, häufig zur Finanzierung von Effektengeschäften des Kunden.

Wertpapiersammelbanken, Kassenvereine, Institute, die für die Geschäftsbanken die › Sammelverwahrung bei diesen ins Depot gegebener Wertpapiere durchführen.

Wertstellung, Valutierung, der Tag, von dem an die Buchung von Ein- oder Ausgängen bei der Bank zinsrelevant ist.

Window-dressing, von Banken betriebene Bilanzkosmetik. Einlagen werden durch überhöhte Sätze aufgebläht, dadurch künstlich verbesserte Bilanzstruktur und erhöhte Bilanzsumme.

Zahlungseinstellung, nicht nur vorübergehende Einstellung der Zahlungen auf fällige Schulden durch einen Schuldner.

Zahlungsunfähigkeit, nicht nur vorübergehende Unfähigkeit eines Schuldners, seine fälligen Schulden zu bezahlen.

Zentralbankrat, wichtigstes Beschlußorgan der › Deutschen Bundesbank, bestehend aus den Mitgliedern des Direktoriums und den Präsidenten der › Landeszentralbanken.

Zero-Bonds, abgezinste Schuldverschreibungen, › Abzinsung.

Zertifikat, Bezeichnung für die Anteile von › Investmentfonds.

Zession, › Abtretung.

Ziel, Zahlungsfrist.

Zinsgleitklausel, Vereinbarung, die Zins eines Kredits an eine Bezugsgröße (z. B. Diskontsatz der Bundesbank) bindet.

Zuteilung, › Repartierung.

Hans Ulrich
Die erste Million ist die schwerste

Alle Steuerungerechtigkeiten im Überblick
KiWi 177

In diesem Buch ist von den fetten Happen die Rede, die sich reiche Privatleute, Unternehmer und Kapitalgesellschaften einverleiben dürfen – mit Hilfe unseres Steuersystems und dank der Steuer»reform«.

KiWi Paperbackreihe bei Kiepenheuer&Witsch

Bernt Engelmann
Das ABC des grossen Geldes

Macht und Reichtum in der Bundesrepublik – ein Lexikon
KiWi 92
Originalausgabe

Bernt Engelmanns »Who is who« der reichen Leute in der BRD beantwortet Ihnen alle Fragen, die Sie schon immer über die Mächtigen in diesem Lande hatten:

Wer sind die Reichsten in unserem Land?
Wie sind sie es geworden?
Was machen sie mit ihren Milliarden?
Woher haben sie sie?
Wann hat ihre Vermögensbildung begonnen?
Wessen Grundbesitz ist der größte?
Wem gehören die Konzerne?
Wieviel politische Macht üben sie aus?

Das *ABC des großen Geldes* gibt Antwort auf diese Fragen. Exakt. Übersichtlich. Nach Namen und Stichworten alphabetisch geordnet. Mit einer aufgeschlüsselten Rangliste der großen Vermögen.

KiWi Paperbackreihe bei Kiepenheuer&Witsch

Günter Wallraff
Ganz unten.

Mit einer Dokumentation der Folgen
KiWi 176
Erweiterte Neuauflage

Bücher können etwas bewegen – dafür liefert *Ganz unten* ein einzigartiges Beispiel. Günter Wallraffs Erfahrungsberichte als Türke Ali wurde mit einer deutschsprachigen Auflage von inzwischen über 3 Millionen und Übersetzungen in mehr als 30 Ländern nicht nur weltweit einer der sensationellsten Bucherfolge, sondern entwickelte auch eine »durchschlagende politische Wirkung«.
Süddeutsche Zeitung

Dieser Band dokumentiert die gesellschaftspsychologischen, menschlichen und politischen Folgen von *Ganz unten.*

KiWi-Paperbackreihe bei Kiepenheuer&Witsch

STEFAN WELZK
VOM BÖRSENCRASH
ZUR WIRTSCHAFTSKRISE

Hintergründe, Gefahren, Auswege
KiWi 163
Originalausgabe

1987 wird in die Nachkriegsgeschichte als das Jahr des tiefsten Börsensturzes dieses Jahrhunderts eingehen. Selbst der schwarze Freitag im Oktober des Jahres 1929 an der New Yorker Börse, Auslöser der Weltwirtschaftskrise der 30er Jahre, hatte ein geringeres Ausmaß.
Umso überraschender, daß die verantwortlichen Politiker auch in der Bundesrepublik nach dieser globalen Erschütterung des Aktienmarktes mit dem Hinweis auf das mittlerweile gewachsene wirtschaftspolitische Wissen nicht den geringsten Anlaß zur Besorgnis sehen und keinerlei Neigung erkennen lassen, dieses Wissen auch anzuwenden.
Stefan Welzks Buch *Vom Börsencrasch zur Wirtschaftskrise* ist eine ernsthafte Warnung an die politisch Verantwortlichen in der Bundesrepublik, im letzten Augenblick mit ihren Partnern eine tiefe internationale Rezession mit allen ihren unkalkulierbaren Folgen zu verhindern. Das vom Autor beschriebene hierzu notwendige Instrumentarium existiert und ist bekannt, es muß nur angewandt werden.

KiWi Paperbackreihe bei Kiepenheuer&Witsch

Günter Gaus
Die Welt der Westdeutschen

Kritische Betrachtungen
KiWi 154

Günter Gaus untersucht die Bundesrepublik Deutschland auf ihrem Weg aus der Nachkriegszeit zu ihrer gegenwärtigen Existenzbedingung; er skizziert mögliche künftige Entwicklungen des Landes.

»Was sein Buch, seine Art zu denken und zu schreiben, wirklich hochaktuell und auch faszinierend macht, hängt mit der strengen Leidenschaft zusammen, mit welcher er die behauptete Normalität in Frage stellt. Diese Republik zwischen Auftrumpfen und Selbstbeschwichtigung paßt ihm nicht. Sie wird selbstzufrieden. Wer wird es nicht? Es gehört eine Menge dazu, aus solcher Zufriedenheit mit quälenden Fragen und bohrenden Thesen herauszureißen. Beim Lesen schwört man sich, den Begriff ›Normalität‹ künftig mit doppelter Vorsicht zu gebrauchen.«

Günter Hofmann, Die Zeit